Christoph von Schmidt-Phiseldek

Ferdinand der Erste

1558-1564

Christoph von Schmidt-Phiseldek
Ferdinand der Erste
1558-1564

ISBN/EAN: 9783744721530

Hergestellt in Europa, USA, Kanada, Australien, Japan

Cover: Foto ©ninafisch / pixelio.de

Weitere Bücher finden Sie auf **www.hansebooks.com**

Repertorium
der
Geschichte
und
Staatsverfassung
von Teutschland,

nach Anleitung
der

Häberlinschen ausführlichen Reichshistorie,

von

D. Christoph von Schmidt genannt Phiseldek,

Fürstl. Braunschweig-Lüneburgischem Hofrath und Archivare, des Historischen Instituts zu Göttingen ordentlichem, und der Teutschen Gesellschaft zu Helmstädt EhrenMitgliede.

Sechste Abtheilung:
Ferdinand der Erste.
1558 — 1564.

HALLE,
bey Johann Jacob Gebauer, 1792.

Repertorium
der
Geschichte und Staatsverfassung
von Teutschland
nach Anleitung der Häberlinschen Reichshistorie.

Sechste Abtheilung:
1558 — 1564.

Die Signatur A. fällt nunmehro weg; bei der römischen Ziffer, welche den Band anzeigt, ist also immer die Signatur B. oder die so genannte Neueste Teutsche Reichs-Geschichte zu verstehen.

* * *

Aachen
bekommt von dem Kaiser und den Kurfürsten Re-
1562 versalen, daß es ihren Rechten nicht nachtheilig
seyn solle, daß der römische König Maximilian
der II. nicht zu Aachen, sondern zu Frankfurt gekrönet worden B. V. 81. 82.
Achim.
Versammlung:
1562 Termin in den Bremenschen Händeln *) VI. 361.

U 2 *Advent-*

*) Die Erzählung derselben kommt in der siebenten Abtheilung dieses Repertoriums im Zusammenhange vor.

Adventuriers; s.: **Handel.**

Agatha (S.)
Bischof zu —:
Johann Beroaldus V. 146.

Allifi in Napel
Jakob (Johann) Bischof zu —
Gilbert von Nogueras V. 294. 295. 426.

Alpirspach
Abt zu —:
Jakob Hohenreuter IV. 31.

Amand (S.)
Abt zu — s.: Ile.

Amsdorf (Nicolaus von) *
gibt seine „Oeffentliche Bekenntniß der reinen Lehre des Evangelii und Confutation der itzigen Schwärmer,"
1558 heraus, und Flacius fügt diesem Buche sein „Register etlicher bittern Unwahrheiten des Menii und anderer," bei III. 478.

— Amsdorf, verzweifelnd, das Bißthum Naumburg, welches er dem Julius von Pflug (s. dies Repertorium, Abtheil. V. S. 237.) hatte überlassen müssen, wieder zu erlangen, sucht, aus Haß gegen KurSachsen, den ohnehin nur gar zu streitsüchtigen Zeloten Flacius immer mehr wider die Wittenberger Theologen aufzubringen 481.

gibt eine sehr harte Schrift wider den Frankfurter Receß heraus 486.

Angoulesme,
Bischof von —:
..... Babou IV. 398.

Anhalt

---

† Durch ein Versehen fehlt er in diesem Repertorium, Abtheil. V. S. 238. unter den naumburgischen Bischöfen. Es ist daselbst, Zeile 3, Folgendes einzurücken:
1542 Nicolaus von Amsdorf A. XII. 352. 353. 505. 632. 636. B. I. 25. muß dem Julius von Pflug weichen B. I. 167.

Sechste Abtheil. 1558 bis 1564.

Anhalt
Fürsten zu — s. dies Repertorium, Abtheil. V. S. 16.

Ansage (Die)
auf Reichsversammlungen betreffend; s.: Reichsversammlungen.

Anweil (Frieder. Walther von); s.: Christoph, Herzog zu Wirtemberg.

Aosta.
Bischof:
Marcus Anton Bobla V. 320.

Arco
Graf von —:
Scipio IV. 250. 251.

Aremberg.
Graf:
Johann von Ligne, Freiherr von Barbanson IV. 4.
1559 wird Statthalter über Frießland, OverYssel, Groningen, und Lingen 263. 264.

Arras
Bischöfe von —:
Anton Perenot von Granvella III. 594 — 596. IV. 263. 264. 266. 268. 274.
wird Erzbischof zu Mecheln und
1560 Primas der Niederlande,
auch
1561 der römischen Kirche Kardinal IV. 275. 279.
Franz Richardot V. 528.

Arschott
Herzog von — s.: Croi.

Augsburg.
Versammlungen:
1559 Sehr zalreicher Reichstag: ReligionsSache; Anstalten wider die Türken; Exekution und Handhabung

bung des Friedens in Religions- und ProfanSachen; Justizwesen; Münzwesen; Beschleunigung der ReichstagsHandlungen; PolizeiSachen; Entrichtung der ReichsAnschläge; Session der Stände auf den Reichstägen; Rekuperirung des dem Reich Entzogenen, besonders der Bißthümer und Städte **Metz, Tull,** und **Verdun;** Gesuch der Liefländer um Hülfe wider die Russen; fiskalische Processe zu Einbringung des rückständigen Vorrathsgeldes und der Rechnung des Pfennigmeisters zu 36000 Gulden wegen der Belagerung der Stadt Magdeburg; AppellationsProcesse in der ModerationsSache; Preußische Angelegenheiten; Irrung zwischen den geistlichen und den weltlichen Ständen des fränkischen Kreises, wegen der Präsentationen zu den Assessoraten bei dem Kammergerichte; **Grumbachsche Händel,** und **Aechtung Kreter's;** Rekurs des schwäbischen Kreises an den Reichstag wegen der Anmaßungen des kaiserlichen Landgerichts in Ober- und NiederSchwaben auf der Leutkircher Halde und in der Gepürs; Beschwerden der gemeinen freien **Ritterschaft** und des Adels der fünf Viertel im Lande zu Schwaben, sammt ihren Mitverwandten, über einige Fürsten und Stände; Klagen und Bittschriften einzelner Stände, sowol, als Privatpersonen; Bestätigung und Ertheilung von Privilegien; Belehnungen — IV. 1. 3 — 123. 134. 136 — 152. 157 — 162. 186 — 194.

1563 Deputation, wegen der Vollziehung der neuen ReichsMünzOrdnung. Die Stadt **Augsburg** publiciret, mit Genehmigung der benachbarten Stände, einen Werruf, daß künftig im Handel und Wandel nur das in der **ReichsMünzOrd**nung begriffene **gute Geld,** und das **abgewür**digte in dem darin bestimmten **Werthe** ausgegeben und genommen, das **verbotene** aber in die Münze

Sechste Abtheil. 1558 bis 1564.

Münze geliefert, und hier der innere **Werth** desselben bezalet werden solle V. 596.

Bischof:
(† 1573) Otto Truchseß von Waldburg, Kardinal.

Avranches.
Bischof:
..... Cirler V. 299.

Baden.
Versammlung:
1561 Tagesatzung der Eidgenossen, auf welcher unter andern auch von der Beschickung des zu reassumirenden tridentischen Conciliums gehandelt wird IV. 394.

Baden.
Markgrafen: s. dies Repertorium, Abtheil. V. S. 27.

Baiern
Herzoge: s. dies Repertor., Abtheil. V. S. 28.

Bamberg.
Bischöfe:
† 1561 Georg der IV., Fuchs von Rugheim.
(† 1577) Vitus der II., von Wirzburg.

Barbi und Mühlingen.
Graf:
Wolfgang IV. 9. 320.

Basel.
Bischof:
(† 1575) Melchior von Lichtenfels.

Bebenhausen.
Versammlung:
1563 der vornehmsten wirtembergischen Gottesgelehrten; wegen der Religions Aenderungen in der Pfalz — Besonders wird über den Heidelberger Katechismus gerathschlaget V. 602. 603.

Befehdungen (Die) unterbleiben, ungeachtet des allgemeinen Landfriedens und der Exekutions-Ordnung, noch nicht gänzlich, wie denn z. B. der Fürst-Bischof von Wirzburg in seiner eigenen Residenz angefallen und 1558 erschossen, und ein Bischof von Meißen von einem sächsischen Edelmanne hart befehdet wird — s.: Carlowitz; Grumbach; Kretzer; Zobel.

Bentheim, Tecklenburg, und Steinfurt.
  Graf:
Eberwein IV. 5.
s. übrigens dies Repertor., Abtheil. V. S. 31.

Berchtesgaden (Berchtolsgaden).
Der Propst zu Berchtesgaden kommt zuerst in der Unterschrift des augsburgischen Reichsabschiedes vom Jahre 1559 unter den gefürsteten Prälaten vor; in der Unterschrift des vier Jahre vorher zu Augsburg gemachten Reichsabschiedes steht er noch unter den bloßen Reichsprälaten IV. 6*).

  Propst und Erzpriester:
Wolfgang ..... IV. 6.

Bergamo.
  Bischof:
Hieronymus Ragazzone, ein vortrefflicher Lateiner V. 564.

Bergen (op Zoom)
Markgraf von —: Johann, Statthalter über Hennegau, Valenciennes, und Chateau en Cambresis, und Amtmann von Hennegau IV. 264.

Bitonto.
  Bischof von —:
Cornelius Mussius IV. 252. 253.

Bitsch
Graf zu — s.: Zweibrücken.

Blan-

Sechste Abtheil. 1558 bis 1564.

Blankenheim
Graf zu — f.: Manderscheid.

Bossu
Graf von —:
Maximilian von Hennin IV. 265.

Brandenburg.
Vertrag des Hauses Brandenburg mit den fränkischen Einigungsverwandten, unter kaiserlicher Vermittelung zu Wien errichtet: Die Bischöfe zu Bamberg und zu Wirzburg, ingleichen die Stadt Nürnberg, zalen, binnen den sieben nachstfolgenden Jahren, dem Markgrafen Georg Friederich zu BrandenburgAnsbach und Kulmbach 175000 rheinische Gulden Münze, jedes Jahr nämlich 25000 Gulden. Dagegen läßt das Haus Brandenburg alle Ansprüche und Foderungen, die es von dem markgräflichen Kriege her an die gedachten Bischöfe und die Städte Nürnberg und Windsheim gemacht hat, oder machen könnte, fallen; und es begibt sich gänzlich der zwischen dem Markgrafen Albrecht und den beiden Bischöfen, auch der Stadt Nürnberg gemachten Verträge. Beide Theile verhalten sich künftig dem Landfrieden gemäß, und geben ihre Rechtshändel gegen einander, die den erwähnten Krieg angehen, auf. Der Herzog Heinrich der Jüngere zu Braunschweig, und die Burggrafen Heinrich der Aeltere und der Jüngere von Meißen werden in diesen Vertrag mit eingeschlossen, wenn sie ihn annehmen wollen; sonst müssen sie ihre Ansprüche an das Haus Brandenburg auf dem Wege Rechtens suchen. Was die von den Bischöfen und der Stadt Nürnberg gefoderte Retardaten zu 18000 Gulden betrifft, so sollen sie sich mit 3000 Gulden begnügen, und befugt seyn, solche von den letzten 25000 Gul-

Gulden abzuziehen. Das Haus Brandenburg will dem Hochstifte Bamberg alle dessen, im letztern Kriege verloren gegangene Urbarien, Privilegien, Urkunden ꝛc., die dem Kurfürsten und den Markgrafen zu Handen kommen, wiederum zustellen III. 574. 575.

Markgrafen und Kurfürsten: s. dies Repertor., Abtheil. V. Tab. I.

Braunschweig.

Die Herzoge Heinrich und Wilhelm zu Braunschweig Lüneburg Zelle lassen der Stadt Braunschweig das kleine Privilegium oder den kleinen Huldebrief

1559 ausfertigen, welcher wol der letzte von dieser Linie ist — VIII. 131.

Versammlung:
1561 Niedersächsischer Kreistag; wegen der vom Dr. Hardenberg erregten ReligionsHändel IV. 321. VI. 352. 374.

Die Herzoge zu BraunschweigLüneburgWolfenbüttel erhalten

1562 vom Kaiser das Privilegium, daß von ihren Gerichten nicht dürfe appelliret werden, wenn die Summe unter 300 Goldgülden oder nur so viel ist V. 125.

Herzoge: s. dies Repertorium, Abtheil. V. Tab. II. Daselbst ist den Kindern des Herzogs Heinrich des Jüngern von der Eva von Trott, hinzuzusetzen: Sidonia von Kirchberg, welche ich erst vor Kurzem in einer OriginalUrkunde vom Jahre 1552 gefunden habe.

Brenz

Sechste Abtheil. 1558 bis 1564.

Brenz (Johann)
widerlegt, auf Befehl des Herzogs Christoph von
1558 Wirtemberg, des Flacius Schrift: „Reformatio
Samaritani Interim„; und schreibt eine Apologie
des Frankfurter Recesses wider des Herzogs Johann Friederich von Sachsen „Refusationsschreiben„ III. 486.
Uebrigens s.: **Melanchthon.**

Brixen.
Bischof; s.: **Trident.**

Bronchorst
Graf zu — s.: **Diepholz.**

Bruchhausen
Graf zu — s.: **Hoja.**

Bruck
Graf zu — s.: **Falkenstein.**

Buchau am Federsee
Aebtissin zu —:
Margareta, Frelin zu Schwarzenberg IV. 7.

* * *

Die Aebtissin zu Buchau kommt zuerst in der Unterschrift des Reichsabschiedes vom Jahre 1559 unter den ReichsPrälaten und Aebtissinnen vor; in den Unterschriften der Reichsabschiede von den Jahren 1555 und 1556 steht sie noch unter den schwäbischen Grafen und Herren VIII. 182*). vergl. mit II. 533. III. 140. und IV. 7.

Budoa in Dalmatien.
Bischof:
..... Civrelia V. 326. 359.

Bücher.
Der Papst Pius der IV. widerruft das, auf Befehl Pauli des IV. im Jahre 1559 gemachte Verzeich-

zeichniß der verbotenen Bücher (*Index Librorum prohibitorum*), und trägt dem Concilium zu Trident auf, ein neues, verbessertes Verzeichniß derselben abzufassen V. 137.

Bunde; Bündnisse.

Der landsbergische Bund dauert noch fort III. 581. IV. 282. 418. 452.

1560 Jul. 25 Odenseeischer Vertrag, zwischen Dänemark und den Hansestädten. IV. 293.

1560 Aug. 7 Verbindung des Adels in Schwaben, oder Errichtung der sogenannten, den Reichsfürsten so lästig gewordenen, **Ritterordnung** 165. Vergl.: **Munderkingen**; und: **Schwaben**.

1563 Verlängerung des landsbergischen Bundes auf sechs Jahre V. 593. Vergl.: **Ingolstadt**.

Buoncompagno (Hugo),

Bischof von Vesti, nachher Kardinal, großer Kenner der römischen Staatskunst, bewegt den, zwischen dem Bestätigen und Nichtbestätigen des tridentischen Conciliums wankenden, Papst Pius den IV., daß er die Schlüsse dieser Kirchenversammlung ohne Ausnahme bekräftiget, und eine eigene, noch jetzt fortdauernde, Congregation zur Deutung der Lehren des Tridenter Conciliums anordnet V. 578—581.

Cadiz

Bischof zu —:
Avosmedianus V. 292. 294.

Calais

muß sich den Franzosen
1558 Jan. 8 ergeben III. 588. 589.
s. auch dies Repertor., Abtheil. V. S. 60., wo aber, auf dem Rande, an statt 1557, gelesen werden muß: 1558.
Uebrigens vergl.: **Cambresis**.

Cam-

Sechste Abtheil. 1558 bis 1564.

Cambresis (Chateau en).
Hier geschlossene Tractaten:
1. Besonderer und vorläufiger Vertrag zwischen England und dem Könige Heinrich dem II. von 1559 Frankreich: Der König Heinrich will Calais, innerhalb acht Jahren, an die Krone England zurück geben. Weigert er sich dessen, oder zögert er mit der Rückgabe über die Gebühr; so muß er an England 500000 Kronen, als eine Strafe für die Verzögerung oder Weigerung, bezalen. Er bleibt aber, die Strafgelder seien entrichtet, oder nicht, schuldig, Calais den Engländern abzutreten.

In einer besondern Acte wird noch verabredet, daß der Herzog von Savojen in den größesten Theil seiner Erbländer wiederum eingesetzt werden, und der König Heinrich, der auf das ganze Herzogthum Anspruch machte, nur einige Plätze so lange inne behalten solle, bis der Streit zwischen ihm und dem Herzoge in der Güte verglichen seyn würde.

Nr. 2   2. Förmlicher Friedensschluß zwischen Frankreich und England —

Nr. 3   3. Frieden zwischen Spanien und Frankreich: Beide Mächte wollen sich eifrigst bemühen, daß ein, zur Reformation und Herstellung der Einigkeit in der christlichen Kirche so nöthiges, allgemeines Concilium berufen werde, und wollen solches durch ihre Prälaten beschicken — Die Unterthanen in Flandern und Artois sollen bei ihren von den Königen von Frankreich, und die französischen Unterthanen in den Niederlanden bei den, von den katholischen Königen von Spanien erhaltenen, Privilegien gelassen werden — Spanien gibt an Frankreich zurück: S. Quintin, Catelet, und Ham; Frankreich gibt an Spanien zurück: Diedenhofen, Marienburg, Avoi, Damvilliers, und

und Montmedi; Terouanne bleibt, in seinem
jetzigen demolirten Zustande, an Frankreich, Ivoi
soll auch demoliret, und keiner von beiden Oertern
soll wieder bevestiget werden — Der König von
Frankreich restituiret dem Hochstifte Lüttich das
demselben Abgenommene, besonders die Städte
Bovines und Bouillon; der Streit des Herrn von
Sedan und des Hauses de la Marc mit diesem
Hochstifte soll durch Schiedsrichter beigelegt werden — Hesdin bleibt dem Könige von Spanien;
die noch übrigen Irrungen wegen der Gränzen,
und andere, die seit dem crespner Frieden entstanden sind, sollen durch schiedsrichterlichen Spruch
gehoben werden, inzwischen aber bleibt Alles so,
wie es im Jahre 1551 vor dem Anfange des letztern Krieges war — Wegen der Oberherrlichkeit
über S. Pol will man sich durch Schiedsrichter
vergleichen — Charolois wird dem Könige von
Spanien wieder gegeben — Wegen der zwischen
dem Herzogthume und der Grafschaft Burgund
gelegenen streitigen Herrschaften soll, um eine
Theilung zu machen, eine Kommission ernannt
werden — Dem Herzoge von Mantua wird
die Markgrafschaft Montferrat restituiret —
Spanien bekommt die Stadt Valenza im Herzogthume Mailand von Frankreich zurück — Die
Republik Genua erhält Alles, was sie sonst, besonders auch in Corsica, gehabt hat, wieder —
Der König von Frankreich zieht seine Truppen aus
Montalcino und anderen Plätzen in den Staaten
Siena und Toscana weg, und begibt sich alles An-
spruches auf diese Oerter und Länder — .

Zu mehrerer Bevestigung dieses Friedens wird
eine Heirath geschlossen zwischen dem Könige Philipp von Spanien und des Königs Heinrich von
Frankreich ältesten Tochter Elisabet, welcher, zu
ihrer

ihrer völligen Abfindung, 400000 Thaler Heirathsgut ausgesetzt werden, wogegen sie denn auf alle Erbfolge von väterlicher und mütterlicher Seite Verzicht thun muß. Auch soll zwischen der Schwester des Königs Heinrich, Margareta, und dem Herzoge von Savojen eine Heirat getroffen werden. Nach der Vollziehung derselben bekommt der Herzog den völligen Besitz des Herzogthums Savojen, und der Landschaften Bresse, Bugey, Veromey, Maurienne, und Tarentaise, auch der Vikarie von Barcelonette, ingleichen des Fürstenthums Piemont, der Grafschaft Asti, des Marquisats Ceve, der Grafschaft Coconas, der Länder des Lannes be. Gatiere, der Grafschaft Nizza jenseits des Var, und überhaupt alles desjenigen, was der verstorbene Herzog Karl, vor seiner Entsetzung, inne gehabt hat, wieder; ausgenommen: Turin, Quiers, Pignerol, Chivas, und Villanova d'Asti. Diese Städte bleiben in französischen Händen, so lange, bis der Herzog sich mit dem Könige von Frankreich über dessen Ansprüche verglichen hat; und nur so lange darf der König von Spanien Vercelli und Asti noch besetzt behalten.

In einem NebenTractate wird ausgemacht, daß der, vom Renat von Chalons, Prinzen von Oranien, zum Erben eingesetzte Wilhelm von Nassau im Besitze des Fürstenthums Oranien, so wie der Herrschaften Orpierre, Terclus, Montbrison, Curnier, la Parerie, Movesan, und anderer, die ihm in Frankreich zugehören, gelassen werden solle III. 597—602.

Caorla
Bischof von —:
..... Superchio V. 163.

Capo

Capo d'Istria
  Bischof zu —:
Thomas Stella V. 147.

Carlowitz (Hans von)
auf Tschuschendorf, ein obersächsischer Edelmann, verlangt vom meißenschen Bischofe Johann dem IX. die Edirung eines Testaments, welches dessen Vorgänger, der Bischof Nicolaus der II., aus dem Geschlechte von Carlowitz, als Bischof, sollte gemacht haben; bekommt zur Antwort, man wisse von keinem andern Testamente dieses Bischofes, als von demjenigen, welches er schon, als Domherr, gemacht habe, und von welchem dem von Carlowitz und seinen Verwandten eine Abschrift gegeben wird. Die Carlowitze bringen gleichwol von neuem auf die Herausgabe jenes angeblich vorhandenen Testaments; der Bischof Johann erkläret, daß er ihnen deswegen „zu Rechte stehen, und kaiserliche und königliche, auch kurfürstliche und fürstliche Erkenntniß darüber gern leiden wolle." Hans von Carlowitz aber, hiemit nicht zufrieden, schickt dem Bischofe einen förmlichen Absage- und
1558 Sept. 13 FehdeBrief zu, in welchem er ihn sowol „des verrückten und hinterhaltenen Testamentes", als auch „unleidlicher Injurien" beschuldiget. Er schreitet dann zu Thätlichkeiten, bemächtiget sich des ganzen Stifts Meißen, bis auf Stolpen und Bischofswerda, und setzt den Bischof in einen Schaden von 30000 Gulden am Werthe — Diese Händel werden endlich, durch kursächsische Vermittelung,
Dec. 24 so beigelegt: Der Bischof trägt den erlittenen Schaden, zalet binnen den nächsten vier Jahren an Hans von Carlowitz 4000 Gulden, und verzinset, bis zum völligen Abtrage dieser Summe, jedes Tausend mit 25 Gulden, will auch allen, die in dieser

Sechste Abtheil. 1558 bis 1564.

dieser Fehde an Leib und Gut Schaden genommen haben und Ersatz fodern, zur Antwort stehen; Dagegen entsagt Hans von Carlowitz, für sich und alle seine Helfer und Helfers Helfer, der Fehde, er thut, für sich und seine Erben und Brüder, auf alle Foderungen wegen des Testamentes quaest. des Bischofs Nicolaus Verzicht, und gibt dem Bischofe Johann alle ihm abgenommene Aemter, Schlösser, Städte, und Dorfschaften zurück III. 509 — 516.

Castell
Grafen zu —:

Brüder { Konrad IV. 8. 293.
Heinrich III 579. IV. 8. 293.
Georg IV. 8. 293. 320.

s. dies Repertor., Abtheil. V. S. 64.

Castellaneta,
Bischof:
..... Sirigo V. 185.

Cava.
Bischof:
Sanfelicius Castello IV. 400. V. 293. 294.

Cercamp
(Abtei in der Grafschaft S. Pol in Artois).

Versammlung daselbst:

1558 Oct. Zusammenkunft der Herzogin Christina von Lothringen und ihres Sohnes Karl mit den spanischen, französischen, engländischen, und savojenschen Bevollmächtigten, auch den Abgeordneten des Königs und der Königin von Navarra; wegen eines Friedens zwischen Spanien und Frankreich, und zwischen Frankreich und England, der WiederEinsetzung des Herzogs von Savojen in seine Länder, und der Rückgabe des von Spanien weggenomme-

9. Theil. B nen

nen *) jenseitigen Königreichs Navarra. Man bringt hier nur einen Waffenstillstand zwischen den bisher mit einander Krieg führenden Mächten zum Stande, der Frieden wird einige Monate später zu Chateau en Cambresis geschlossen III. 596. 597.

Chanad
Bischof von —:
Johann Colosvarinus V. 141. 154. 223.

Chiusi
Bischof von —:
Salvator Pacinius, päpstlicher außerordentlicher Nuncius in den Niederlanden zum Reguliren der dasigen neuen hierarchischen Verfassung IV. 274.

Christoph,
Herzog zu Wirtemberg **), ist der Hauptbeförderer des FürstenConvents zu Naumburg IV. 303—313.

weiß seine Obrigkeit gegen den Adel in seinem Lande nachdrücklich zu behaupten, und gibt davon unter andern in den Händeln mit Fritz Walther von 1562 Anweil einen merkwürdigen Beweis 457.

nimmt sich der protestantischen Kirchen in Frankreich eifrig an, ohne doch ihnen wesentlichen Nutzen schaffen zu können 459—464.

steht, unter andern auch in Frankreich, in so großer Achtung, daß die dasige verwitwete Königin und ReichsRegentin Katharina ihm die königliche StatthaltersStelle anbietet V. 601 e).

Chur.

---

*) s. dies Repertorium, Abtheil. IV. S. 108. und Abtheil. V. S. 238.

**) s. von ihm dies Repertorium, Abtheil. V. S. 66. 67.

Chur.
Bischof:
(† 1565) Thomas von Planta.

Chyträus (Dr. David).
1561 Dessen auf dem Convente zu Naumburg über die Ungleichheit der Exemplarien der augsburgischen Confession ausgestelletes Bedenken IV. 324—326.
Er sagt in der, im Namen der rostockischen Theologen aufgesetzten, Antwort auf die Einladung der Flacianer zum Beitritte zu ihrer Protestation wider das tridentische Concilium, diesen Störern des Friedens in der evangelischen Kirche zwar bescheiden, doch derbe die Wahrheit V. 123. 124.

Ciudad Rodrigo.
Bischof:
..... Covarrubias V. 520.

Cleve; s.: Jülich.

Coimbra.
Bischof:
Johann Ruarez V. 464.

Commendon (Johann Franz); s.: Zacynth.

Como
Bischof zu —:
Anton Vulpius, päpstlicher Nuncius in der Schweiz IV. 394.

Compositionsformel; s.: Melanchthon.

CondemnationsTag; (Magdeburgischer); s.: Sachsen.

Confutationsbuch (Sächsisches); s.: Flacius.

Cornelius Münster (S.) auf der Inden.
Abt zu —:
Albrecht von Wachtendonk IV. 7.

Corsica; s.: Cambresis.

Cortona.
Bischof:
Hieronymus von Gaddis V. 435. 460.

Corvei.
Abt:
Reinhard ..... IV. 7.

Croi:
Philipp von Croi, Herzog von Arschott IV. 265.
Johann von Croi, Graf von Roeux 265.

Dänemark.
Könige zu Dänemark und Norwegen; und Herzoge zu Schleswig Holstein:
Christian der III., König zu Dänemark und Norwegen, † 1559. Gem.: 1525 Dorothea, des Herzogs Magnus des I. (des II.) zu Sachsen Lauenburg Tochter, † 1571.

Friederich der II., König zu D. und N., † 1588.	Anna, † 1585. Gem.: 1548 August, Kurfürst zu Sachsen, † 1586.	Magnus, König in Liefland, † 1583.	Dorothea, † 1617. Gem.: 1561 Wilhelm der Jüngere, Herzog zu Braunschweig Lüneburg, † 1592.	Johann, Stammvater des Hauses Holstein Sonderburg, † 1622.

Uebrigens s. dies Repertorium, Abtheil. V. S. 76. und 330.

Daun

Sechste Abtheil. 1558 bis 1564.

Daun
Graf zu — f.: Falkenstein.
Delfinus (Zachär.); f.: Faro.
Diepholz und Bronchorst
Graf zu —:
Rudolf IV. 9.

Ditmarsen.
Die übermüthigen Ditmarsen werden, nach einer tapfern, verzweiflungsvollen Gegenwehr, von den 1559 holsteinischen Fürsten unterjocht, verlieren alle ihre Vorrechte, erhalten aber diejenigen Freiheiten und Begnadigungen, deren die Nordfriesen genossen, nebst der Erlaubniß, sich ihres, von ihnen selbst im Jahre 1447 verfaßten Landrechts bedienen zu dürfen. Der Erzbischof zu Bremen regt sich gegen die Unterwerfung der Ditmarsen *) ohne Erfolg — IV. 206—224.

Dorpat.
Bischof:
Hermann der III., Weyland.

Douai.
Hier errichtet der König Philipp von Spanien eine 1559 hohe Schule, damit seine niederländischen Unterthanen, welche Wallonisch redeten, nicht nöthig hätten, zu Genf, wo der verbesserte Gottesdienst eingeführet war, zu studieren. Eine Neuerung, die natürlicher Weise der alten Universität zu Löwen mißfällig ist — Die Gründung der Universität 1560 zu Douai wird vom Papste Pius bestätiget IV. 277.

Draskovitz (Georg); f.: Fünfkirchen.
Dudith (Andreas); f.: Tina.

B 3   Eber-

*) Vergl. dies Repertor., Abtheil. III. Abschn. 3. S. 41. 42.

Eberstein.
Graf:
Otto IV. 321. 513. 542.

Egmond.
Grafen:
Philipp III. 590 — 592.
Lamoral, Statthalter über Flandern und Artois IV. 263. 268. 280.
s. übrigens dies Repertor., Abtheil. V. S. 84.

Ehstland; s.: Liefland.

Eichstädt.
Bischöfe:
† 1560 Eberhard der II., von Hirnhelm.
(† 1590) Martin von Schaumberg.

Elchingen.
Abt:
Sebastian ..... IV. 7.

Elsaß.
Die Reichslandvogtei zu Hagenau über die zehn elsassischen Reichsstädte *), welche Maximilian der I. dem geächteten Kurfürsten Philipp von der Pfalz (1504) genommen, Karl der V. aber für 48000 rheini(1530) sche Gulden wiederum an KurPfalz überlassen hatte, bringt der Kaiser Ferdinand der I., durch die Ausübung seines sich vorbehaltenen EinlösungsRechts, 1558 von neuem an sein Haus. Dieses hat sie neunzig Jahre lang behauptet, nämlich bis zum Münsterschen Frieden, in welchem es sie der Krone Frankreich abtrat III. 559. 560.

Elsaß-

---
*) Vergl. dies Repertorium, Abtheil. III. Abschn. 3. S. 47.

Sechste Abtheil. 1558 bis 1564.

Elfaßzabern.
Versammlung:
1562 Zusammenkunft des Herzogs Christoph von Wirtemberg und einiger seiner Theologen mit dem Herzoge von Guise und dessen beiden Brüdern; wegen der ReligionenVereinigung — Unnütze Entwürfe IV. 461 — 464.

Elwangen.
Propst:
(† 1573) Otto Truchseß von Waldburg, KardinalBischof zu Augsburg.

Emmeram (S.) in Regensburg.
Abt zu —:
Erasmus ..... IV. 7.

England.
Könige: s. dies Repertor., Abtheil. V. S. 86.

Erbach.
Grafen:
Eberhard IV. 5. 291. 320.
Valentin 5.
Georg 291. 320.

Erfurt.
Versammlung:
1561 der politischen Räthe und der Theologen der Kurfürsten von Brandenburg, von Sachsen, und von der Pfalz, ingleichen des Pfalzgrafen Wolfgang, des Herzogs Christoph von Wirtemberg, des Landgrafen Philipp von Hessen, und der Herzoge von Pommern; wegen der Religionsangelegenheit, besonders in Betreff des tridentischen Conciliums, der Umlenkung des Herzogs Johann Friederich von Sachsen, einer allenfalls zu haltenden allgemeinen Synode der protestantischen Kirche, eines NationalConciliums ꝛc. Man beschließt unter andern,

andern, eine taugliche und der Sprachen kundige
Person in Geheim nach Trident zu schicken, welche
den gedachten Kurfürsten und Fürsten von allen
Verhandlungen des dasigen Conciliums Nachricht
geben soll IV. 361 — 367.

Erich der Jüngere,

Herzog zu BraunschweigCalenberg, ein unruhiger,
kriegerischer Fürst, ist kaum aus Spanien in sein
1563 Erbland zurückgekommen, als er schon wieder ab-
reiset, entweder zum Könige von Dänemark, oder
zu dem von Schweden. Er unterredet sich ganz
im Geheim mit einem dieser beiden Monarchen,
bietet vermuthlich ihm seine Dienste in dem zwischen
ihnen entstandenen Kriege an, geht dann wiederum
in sein Land, und setzt Truppen auf die Beine.
Seine dänische oder schwedische Kriegsbestallung
ist wahrscheinlich rückgängig geworden. Woher
nun Geld zur Bezalung seiner Truppen nehmen?
Erich ergreift dies Auskunftsmittel: Er fällt,
unter dem Vorwande, daß die münsterschen Land-
stände ihm vor zehn Jahren Hülfe wider den Herzog Philipp von BraunschweigGrubenhagen versprochen, und sich über den, durch das NichtEr-
füllen ihrer Zusage ihm verursachten, Schaden
noch nicht mit ihm verglichen hätten, in das Hochstift Münster ein, bemächtiget sich der Stadt
Wahrendorf mit List, durchstreift das ganze Land,
und zwingt es, 32000 Goldgulden Brandscha-
tzungsgeld zu erlegen. Er wendet sich dann in das
lüneburgische, geht bei Bolzenburg über die Elbe,
zieht durch das Stift Havelberg und die Kurmark
Brandenburg nach Pommern, von da nach Preußen bis in die Gegend von Danzig, wo sein Schwa-
ger, der Herzog Albrecht von Preußen, ihm den
Paß verlegt, weil er glaubte, er wolle dem Könige

von

von Schweden zu Hülfe ziehen. Die benachbarten Fürsten, voll Sorgen über Erich's Unternehmen, dessen eigentlicher Zweck nicht abzusehen war, setzen eilig einen Trupp Reiterei in Bewegung. Erich findet also, als er durch Pommern in sein Land zurückziehen will, die Pässe verlegt. Das bewegt ihn, seine Leute bei Prenzlow in der Stille zu verlassen. Die Officiere folgen seinem Beispiele und gehen des Nachts heimlich davon, worauf denn die Mannschaft bald zerstreuet wird V. 599. 600. Vergl.: Worms.

Eßlingen.
Versammlung:

1561 Städtetag: Bestellung eines Redners für die sämmtlichen Reichsstädte auf den Reichstag; Korrespondenz mit den Hansestädten; Präsentation zu den Assessoraten am Kammergericht und jährliche Visitationen dieses Gerichts; Bezalung der Städte-Schulden; Relation vom vorjärigen Deputationstage zu Speier; Berathung der Städte Regensburg, Köln, Eßlingen, und Donauwörth, in Bezug auf ihre angebrachte Beschwerden IV. 418. 419.

Ettlingen.
Versammlung:

1563 Zusammenkunft des Herzogs Christoph von Wirtemberg mit dem Pfalzgrafen Wolfgang, und dem Markgrafen Karl von BadenDurlach; wegen einiger Streitigkeiten zwischen einer verwitweten Gräfin von Sulz und dem Grafen zu Leiningen-Westerburg. Zugleich wird, in Betreff der Ereignisse in ReligionsSachen, diese Verabredung genommen: Die gedachten Fürsten wollen in ihren Landen die nöthigen Verfügungen machen, daß die zwinglische Lehre sich da nicht einschleiche. Ihre

Repertorium.

Prediger sollen in ihren Vorträgen sich „keiner neuen und ungewohnten Redensarten bedienen, sondern nur solcher, welche in der heiligen Schrift, der augsburgischen Confession, deren Apologie, und der wittenbergischen Concordienformel vom Jahre 1536 enthalten sind., Die Fürsten wollen übrigens nicht nur alle verdächtige Bücher in ihren Landen verbieten und ihre Kirchen von der zwinglischen „ansteckenden„ Lehre durch das Gebet rein erhalten, sondern auch, als treue Nachbaren, einander warnen V. 603. 604.

ExekutionsOrdnung; s.: **Landfrieden**, und: **ReichsDeputationen**.

Falkenstein
Graf zu — und Herr zu Oberstein und Bruck: Johann von Daun IV. 9.

Famagusta.
Bischof:
..... Ragazonus V. 386.

Faro
Bischof von —:
Zacharias Delfinus IV. 257. 258. 260. 322. 339. 340. 345 — 347. 352 — 357. 377. 392 — 397. V. 149. 150. 205. 209. 219. 330. 331. 343. 383. 388. 394. VI. 87. 89.

Feltre.
Bischof:
..... Campeggio V. 427.

Ferdinand der I.,
erwählter römischer Kaiser*), nimmt, gleich nach dem Antritte seiner kaiserlichen Regierung, unterschied-

---
*) s. von ihm dies Repertor., Abtheil. V. S. 91. 93. Vergleichung seiner zweiten Kapitulation mit der Kapitulation Karl des Fünften III. 444 — 446.

Sechste Abtheil. 1558 bis 1564.

schiedliche Reichshandlungen, als: Ertheilungen und Bestätigungen von Privilegien und Freiheiten,
1558 Belehnungen ꝛc. vor III. 447 — 449.

räth dem Bischofe von Wirzburg zu einem Vergleiche mit Wilhelm von Grumbach vergeblich 491. 499.

zerfällt mit dem übermüthigen und eigensinnigen Papste Paull dem IV., weil solcher ihn nicht für einen römischen Kaiser erkennen will, benimmt sich bei diesen Streitigkeiten auf eine seiner Würde entsprechende Art, läßt aber den sehr günstigen Zeitpunkt, den Papst zu demüthigen (s.: Päpste), ungenutzet — 518 — 558.

wird vom Papste Pius dem IV., gleich nach dessen
1559 Regierungsantritte, als römischer Kaiser erkannt 558. IV. 249.

1564 stirbt — Ein tugendhafter, weiser, milder, doch
Jul. 25 unpartelische Gerechtigkeit übender Regent, in Kriegs- und Staatskenntnissen von wenigen Fürsten seiner Zeit erreicht, von keinem übertroffen; seltenes Muster von Ordnung und Thätigkeit; obgleich Kenner des Krieges und Verächter der mit demselben verknüpften Gefahren, doch, aus geprüften Grundsätzen, Liebhaber des Friedens; Freund und Beschützer der Wissenschaften; in jüngeren Jahren starker Eiferer für seinen väterlichen Glauben und Feind der Reformation; duldsamer in höherem Alter — VI. 76. 79 — 82.

Ergänzung, zum Theil Wiederholung, seiner Geschichte 77 — 79. 82.

Fer-

Ferrara und Modena.

Herzoge: Alfons der I., † 1534.

Hercules der II., † 1558. — Franz von Este, Markgraf zu Massa, † 1578. Gem.: Maria de Cordona, † ..... — Lucretia von Este, Gem.: Ludwig von Este, Kardinal, † 1586. — Marfisia, † 1608. Gem.: Alfons, des Herzogs Wilhelm zu Mantua und Montferrat Tochter, † ...... — Alberam Cibo, Prinz zu Massa und Carrara, † 1606.

Alfons der II., † 1597, ohne Kinder. Gem.: a) 1560 Lucretia de Medices, des Herzogs Cosmus Tochter, † zu Florenz. b) 1565 Barbara, † ..... — Anna von Este, Gräfin von Gisors, Frau von Montargis, † 1607. Gem.: a) 1548 Franz von Lothringen, Herzog zu Guise, † 1563. b) 1566 Jakob von Savoyen, Herzog von Nemours und von Genevois, † 1585. — 1570 Franz Maria, † 1586. — Margaretha, † 1608. Gem.: Alfons, des Herzogs Wilhelm zu Mantua und Montferrat Tochter, † ...... — des Ruthers Ferdinand des I. Tochter, † 1572. — 1579 Margareta von Savoyen, Herzogs Carl Emanuels Tochter, Herzogin zu Urbino, † 1631.

Uebrigens vergl. dies Repertorium, Abtheil. V. S. 94.

Sechste Abtheil. 1558 bis 1564.

Ferriere (Arnaud de),
Präsident aux Enquetes, einer der französischen Gesandten auf dem Concilium zu Trident, greift in einer sehr beißenden Rede das Verfahren unterschiedlicher Concilien, besonders auch des tridentischen, an, erregt hieburch bei den versammelten Vätern sowol, als zu Rom, großen Unwillen, vertheidiget gleichwol seine Behauptungen in einer noch derbern Sprache, als die war, in welcher er geredet hatte, und schreibt an den Kardinal von Lothringen zu Rom: „Si pergant maledicere, mihi mouerint stomachum„, mit dem Zusaße: „Er wolle noch Dinge entdecken, die seinen Feinden keine Ehre bringen sollten„ V. 154. 478 — 489.

Feustlin (Michael); s.: Grumbach.

Finale.
Der Streit zwischen der Republik Genua und dem Alfons von Caretto über die Markgrafschaft Finale 1561 wird vom Kaiser Ferdinand so entschieden, daß jene diesem die erwähnte, ihm weggenommene, Markgrafschaft zurückgeben soll IV. 446.

Finnland.
Großfürst:
Johann, des Königs Gustav Wasa von Schweden Sohn, wird
(1568) König von Schweden.

Flacius Illyricus *).
1558 wird öffentlicher Lehrer auf der Universität zu Jena; bleibt Melanchthon's, der ihn in seinem MagisterExamen lächerlich gemacht hatte, geschworner Feind, und sucht, unter dem Vorwande, die reine Lehre wider die Wittenberger zu beschüßen, seine Privatrache gegen Melanchthon zu befriedigen III. 481 — 484.

ist

*) s. dies Repertor., Abtheil. V. S. 95.

ist der vornehmste Urheber des leidigen Lermens in der evangelischen Kirche — verfertiget das sächsi-
1559 sche Confutationsbuch, welches er und der von ihm gegängelte Herzog Johann Friederich der Mittlere von Sachsen den Protestanten gern für ein symbolisches Buch aufgeschwaßt hätten — IV. 298. 299.

gibt, gemeinschaftlich mit Nikolaus Gallus, wider
1561 das Lüneburgsche Mandat eine Schrift heraus, in welcher überall ein lutherisches Papstthum durchblicket 375. 376.

ist vermuthlich der Verfasser der "Protestatio Concionatorum aliquot A. C. adverfus Conventum Tridentinum„ etc., eines Werks, das der, im Namen der protestantischen Fürsten und Stände wider das tridentische Concilium aufgesetzten, "Entschuldigungs- und Refusations Schrift„ ähnelt, gelehrt und gut geschrieben ist, aber das Gepräge des unruhigen flacianischen Geistes trägt — Die Bemühungen, die Rostocker zum Unterzeichnen dieser Protestationsschrift zu bewegen, sind fruchtlos — V. 121 — 124.

s. übrigens: Amsdorf; Brenz; Sachsen; Strigelius.

Flisco (Fieschi).
Graf:

Scipio IV. 187.

Florenz.
Herzog:

(†1574) Cosmus von Medices.

s. dies Reperter., Abtheil. V. S. 96. 97.

Fränkische Einigungsverwandten.

Vertrag derselben mit dem Hause Brandenburg; s.: Brandenburg.

Sechste Abtheil. 1558 bis 1564.

Franken.

1559 Vergleich zwischen dem Hochstifte Bamberg und dem fürstlichen Hause Brandenburg, über die Ausübung des fränkischen Kreisausschreibe Amtes: Der Bischof zu Bamberg und der regierende älteste Markgraf zu Brandenburg in Franken sollen zusammen den Kreis beschreiben, und, wenn der eine das zu thun für nöthig hält, soll der andere sich dessen nicht weigern. Dem Bischofe von Bamberg aber steht die Proposition, Umfrage, und Abfassung der Schlüsse und Abschiede auf den Kreistägen, auch die Kanzlei, allein zu IV. 150.

Frankfurt am Main.
Versammlungen:

1558 Kurfürsten- und FürstenTag, auf welchem unter andern der neueste KurfürstenVerein geschlossen, und von unterschiedlichen protestantischen Kurfürsten und Fürsten der unter dem Namen, Der Frankfurtische Receß, bekannte Abschied in Betreff der Religion verfaßt wird III. 449—468.

1562 Kurfürstentag: Erwählung Maximilian des II. zum römischen Könige; Sicherung des Reichs wider die Türken; Erhaltung des Landfriedens; Wiedererlangung des dem Reich Entrissenen; Ansetzung eines Reichstages; Tridentisches Concilium; Bremensche Unruhen — IV. 635. 636. V. 1—121. VI. 362—364.

Frankfurt an der Oder.
Versammlung:

1558 der kurfürstlich und markgräflich brandenburgischen Räthe; wegen des in Wien zum Vergleiche der fränkischen Einigungsverwandten mit dem Hause Brandenburg angesetzten Tages III. 566. 567.

Frankfurti(ch)er Receß; s.: Religions- und KirchenSachen.

Frank-

Frankreich.
Fortsetzung des Krieges dieser Krone wider Spanien, und Endigung desselben durch den Cambresiser Frieden III. 583—602.
1562 Innere Unruhen, an denen einige teutsche Fürsten in Geheim Antheil nehmen IV. 465.
Könige: s. die nebenstehende Tabelle.

Freiburg.
Kloster zu allen Heiligen daselbst.
Abt:
Heinrich von Jeßstetten IV. 31.

Freisingen.
Bischöfe:
†1559 Leo Lösch.
(dauer ab 1566) Moritz von Sandizell.

Friedensschlüsse:
1558 Von den Liefländern um 60000 Thaler behandelter, aber nicht zur Wirklichkeit gekommener Frieden zwischen Liefland und Rußland IV. 128.

1558 Oct. 6 zu Wien, zwischen dem Hause Brandenburg, und den fränkischen Einigungsverwandten III. 560—576.

1558 Dec. 24 Vertrag zwischen dem Bischofe von Meißen, und Hans von Carlowitz 515. 516.

1559 Apr. 2 und 3 zu Chateau en Cambresis, zwischen Frankreich und England; und zwischen Spanien und Frankreich) 597—602. IV. 148. 262.

1562 Frieden, oder vielmehr Stillstand, auf acht Jahre zwischen dem römischen Kaiser, und dem türkischen GroßSultane geschlossen V. 35. 58.

Friederich der III.,
Kurfürst von der Pfalz, läßt von seinen Zwinglischen Theologen zu Heidelberg sich verleiten, von der augsburgischen Confession abzugehen und eine

mit

Zu S. 32.

Heinrich von Medices, Herzogs von Urbino,
Tochter, ppine des Ducs, Dame de Coni.
c) Di[e]s von der Normandie, Witwe.

| Franz der Zweite, König von Schottland, und von Frankreich, † 1560. Gem.: 1558 Maria Stuart, des Königs Jakob des V. von Schottland Tochter, enthauptet 1587. | Victoria, und Johanna, Zwillinginnen, geboren und † 1556. | a) Heinrich von Angoulesme, Groß-Prior und Admiral von Frankreich, getödtet 1586. | c) Diana von Valois, wird legitimiret, Herzogin von Angoulesme, † 1619. Gem: a) 1553 Horaz Farnese, Herzog von Castro, getödtet 1554. b) 1557 Franz, Herzog von Montmorenci, †..... |

a) Maria Elaf von Auvergne 1589, Herzog von
† 1578 a) 1591 Charlotte, des Herzogs
36. b) 1644 Francisca von Mar-
)ter, † 1713. Ein äußerst seltenes
e nach ihres Schwiegervaters Tode
rben ist!

9. Theil

Sechſte Abtheil. 1558 bis 1564.

mit derſelben nicht übereinſtimmende Lehre in ſeinen
Landen einzuführen V. 602. 604. ſ. auch 646—
648.

Fünfkirchen.
Biſchof:
Georg Draſcovitz V. 136—140. 143—145.
148. 156. 209. 214. 218. 219. 221. 223 *).
225. 232—234. 247. 249. 251. 257. 263.
267. 268. 270. 294. 328. 332. 340. 348. 356.
371. 414. 415. 432. 434. 442. 453. 455. 550.

Fürſtenberg
Grafen zu —:
Chriſtoph, IV. 7.
Heinrich, IV. 7. VI. 41.
Joachim, IV. 7.

Fulda.
Aebte:
† 1558 Wolfgang Dieterich von Euſigkeim.
(† 1567) Wolfgang Schutzbar von Milchling.

Gallus (Nikol.); ſ.: Flacius.

Georg Friederich,
Markgraf zu Brandenburg Ansbach und Kulmbach,
macht ſich gegen ſeine Agnaten und gegen die frän-
1558 kiſchen EinigungsStände verbindlich, daß er die
von den letzteren ihm, kraft des zu Wien errichteten Vertrages, zu zalende Gelder auf keine andere
Weiſe, als zu WiederErbauung der im markgräflichen Kriege geſchleiften Schlöſſer und Veſtungen,
und zu ſonſtigem Nutzen ſeiner Länder, verwenden
wolle; und er hält ſein Verſprechen III. 577.

Gernrode.
Aebtiſſin:
Eliſabet, Gräfin von Gleichen IV. 7.

9. Theil.   C   Glaube.

Glaube.

Zins des rechten Glaubens; s.: Zins.

Gleichen.
Grafen:
Georg, IV. 320.
Karl 320.
Ludewig 320.

Goldast (Melchior von Haiminsfeldt, genannt —).

In dessen Sammlungen kommen unglaubhafte Aufsätze mit vor. Zu ihnen gehören die in seinen politischen Reichshändeln verzeichneten Bedingungen, deren Bewilligung der Papst Paull der IV. vom Kaiser Ferdinand dem I. soll verlangt haben, wenn er ihn für einen Kaiser erkennen und als solchen krönen sollte, nebst der vom Kaiser angeblich ertheilten Antwort auf diese ausschweifende Foderungen III. 522—527.

Gonzaga (Herkules),

Prinz von Mantua, Kardinal und erster Präsident im Concilium zu Tribent,

1563 März stirbt — Ein redlicher Mann, der auf dieser Kirchenversammlung gewiß viel Gutes gestiftet hätte, wenn ihm nicht die Hände wären gebunden gewesen V. 336. 337.

Goslar.
Versammlung:
1563 Kaiserliche Kommission, wegen der Bremenschen Händel, deren zusammenhangende Erzählung in die siebente Abtheilung dieses Repertoriums gehört VI. 365. 366.

Sechste Abtheil. 1558 bis 1564. 35

Granada.
Erzbischof:
Peter Guerrero V. 132. 133. 135. 138. 142. 145. 148. 162. 187. 212. 214. 226. 236. 237. 241. 249. 251. 252. 255. 262. 263. 272. 295. 321. 322. 328. 371. 415. 418. 419. 423 — 425. 517. 539. 544. 545. 555. 565. 568.

Granvella (Anton Perenot von),
erst Bischof zu Arras, dann Erzbischof Primas zu Mecheln und Kardinal, wird für den Urheber der vom Könige Philipp in der niederländischen Hierarchie angeordneten Neuerungen gehalten — ziehet durch seine Herrschsucht und seinen Troß sich allgemeinen Haß zu IV. 275. 279. 280.

Grumbach (Wilhelm von),
(1503) aus einem alten adelichen Geschlechte in Franken geboren, wird am Hofe des Markgrafen Kasimir von Brandenburg Kulmbach erzogen, hernach dessen Prinzen, dem Markgrafen Albrecht, auf des Kaisers Befehl, zugegeben; führet denselben nach Gent; und läßt sich in kaiserlichen Kriegsdiensten brauchen — geht, nach dem Tode des wirzburgi-
(1540) schen Bischofes Konrad des III., nach Wirzburg, um die ihm angeerbte Irrungen mit dem dasigen Hochstifte, wegen seiner in demselben befindlichen Güter, unter dem künftigen Bischofe auszugleichen; vereitelt des Domdechants Melchior von Zobel große Hoffnung, Bischof zu werden, und bringt es dahin, daß der friedliebende Dompropst Konrad von Bibra das Bißthum erhält. Der schließt, mit Bewilligung seines Domkapitels, mit dem von Grumbach einen Vertrag, ernennet ihn zu seinem Hofmarschall, und schenkt ihm einen Schuldbrief des Landgrafen Philipp von Hessen über 10000 Gulden in Golde, die richtig bezalet wer-

werden. Nach dem Absterben dieses Bischofes (1544) Konrad des IV. bittet Melchior von Zobel Grumbachen, ihm nicht wiederum an der Erwählung zum Bischofe hinderlich, sondern vielmehr dazu behülflich zu seyn, mit dem Versprechen, daß er alsdenn den erwähnten Vertrag nicht nur bestätigen, sondern auch ihm noch bessere Bedingungen verwilligen wolle. Grumbach wird nun der Beförderer der Wahl Melchiors von Zobel zum Bischofe von Wirzburg, sieht sich aber in seinen Erwartungen schändlich betrogen. Der neue Bischof, als er hat, was er haben wollte, folgt, seiner Zusage uneingedenk, dem vor vier Jahren wider Grumbachen gefaßten Grolle, behauptet, sein Vorgänger habe die obige Schuldfoderung von 10000 Gulden nicht verschenken dürfen, und nöthiget Grumbachen das Versprechen ab, dieses Geld Terminweise zurückzuzalen. Er entrichtet wirklich 3000 Goldgulden, und stellet über den Rest eine Verschreibung aus, legt aber, voll Verdrusses, sein Hofmarschallamt nieder. Der Bischof läßt sich das gefallen, versichert jedoch Grumbachen, „daß er sich auf andere Art, seiner Dienste von Haus aus wegen, mit ihm vergleichen wolle."

Grumbach lebt seitdem ruhig auf seinen Gütern, bis zum Ausbruche des schmalkaldenschen Krieges; wirbt dann, auf Zureden des Markgrafen Albrecht, Reiter zum Dienste des Kaisers; leistet, seinem Vorgeben nach, in diesem Kriege dem Hochstifte Wirzburg, auf des Bischofes inständiges, mit Versprechungen begleitetes Bitten, einen doppelten großen Dienst, indem er den Durchzug des Grafen von Büren, und hernach den Rückzug der schmalkaldenschen Bundeshäupter durch das Bißthum abwendet — wird, als er mit dem Mark-

Sechste Abtheil. 1558 bis 1564.

Markgrafen Albrecht nach Preußen gehen will, vom Bischofe Melchior ganz aus seinen Diensten entlassen, weil er „ihm neben dem Markgrafen nicht wohl dienen könne„; zerfällt wiederum mit dem Bischofe, muß einen neuen Vertrag eingehen, und auf Einiges, das seine Vorfahren seit Jahrhunderten besessen hatten, Verzicht thun — beschuldiget den Bischof unerweislich, daß man ihm und seinem Sohne nach Leib und Leben trachte, kommt darüber in Verhaft, erhält jedoch, gegen eine gewöhnliche Urfehde, seine Freiheit bald wieder; übergibt, weil er von Seiten des Bischofes (1551) für sich nichts Gutes ahndet, seine Güter seinem Sohne Konrad, dem der Bischof die Belehnung erschweret — Wilhelm von Grumbach selbst wird vom Markgrafen Albrecht von Brandenburg-Kulmbach zu seinem Statthalter ernennet. Ihn (1552) bittet, nach dem Ausbruche des markgräflichen Krieges in Franken, der Bischof Melchior, daß er die von dem Markgrafen Albrecht dem Hochstifte Wirzburg angedrohete Feindseligkeiten abwenden wolle, mit dem Versprechen, ihm das, von Grumbach's Vorältern zum Theil gestiftete, Kloster Mainbrunn sammt Zubehör erblich zu schenken; und seine ihm abgedrungene Verschreibung über die noch rückständige 7000 Goldgulden von der, von dem vorigen wirzburgischen Bischofe ihm geschenkten, hessischen Schuld ihm zurück zu geben. Grumbach bringt es hierauf dahin, daß der Markgraf das Bißthum Wirzburg verschonet und sich nach Nürnberg wendet — *) In den, im Lager vor Nürnberg gepflogenen Vertragsunterhandlungen zwischen dem Markgrafen und dem Bischofe Melchior verlangt jener durchaus das zum Hochstifte Wirzburg gehörige Amt Mainberg, der Bischof will

---

*) Vergl. dies Repertor., Abtheil. V. S. 121.

will solches nicht gern abtreten; Nun schlägt Grumbach sich in's Mittel, und lenkt, auf des Bischofs Verlangen, die Negociation so, daß der Markgraf, in dem mit dem Bischofe errichteten Vertrage, für das Amt Mainberg 60000 Gulden, welche er Grumbachen schuldig war, annimmt, Grumbach aber wegen dieses Geldes auf eben gedachtes Amt angewiesen wird, um es dem Bischofe gegen gebührende Vergleichung zukommen zu lassen. Statt der baren Bezalung jener 60000 Gulden räumt nun der Bischof Wilhelmen von Grumbach, (1552 Jan. 11.) kraft des mit ihm getroffenen Vertrages, unterschiedliche geistliche und weltliche Güter, nebst vielen Gerechtigkeiten, ein; er gibt ihm seine Obligation über die vorhin erwähnte 7000 Goldgulden zurück, und verwandelt alle seine wirzburgische Lehen in Allodium. Der Bischof sowol, als das Domkapitel zu Wirzburg zälen dann die dem Grumbach überlassene Unterthanen von allen ihren bisherigen Pflichten gegen Bischof und Hochstift (1552 Jul. 1.) förmlich los, und weisen sie an den von Grumbach und dessen Erben, welchen sie denn auch gleich den Eid ablegen —

Kurz dauert Grumbach's Freude über diese jetzt erlangten Vortheile. Der Kaiser befiehlt dem Bischofe, den mit dem Markgrafen Albrecht aus Noth eingegangenen Vergleich nicht zu erfüllen, und „sich aller mit demselben aufgerichteten Verträge, und was dem anhängig, zu entschlagen.„ Der Bischof deutet diesen Befehl auch auf den mit Grumbachen geschlossenen Vergleich; Grumbach muß also die ihm abgetretenen Güter zurückgeben, und seine älteren Güter von neuem vom Bischofe zu Lehen nehmen; nur die mehrgedachten 7000 Goldgulden werden ihm geschenkt. Nun wird Grumbach aufgebracht. Er tritt von neuem auf

Sechste Abtheil. 1558 bis 1564.

des Markgrafen Seite, und gibt dessen Statthaltern und Räthen, seiner Lehenspflicht zuwider, den bösen Anschlag, die Hochstifter Bamberg und Wirzburg feindlich anzugreifen, und den „Bischöfen den Garaus zu machen.„ Der Bischof Melchior entzieht ihm hierauf alle seine im Bißthume Wirzburg belegene Güter und Häuser, bringt hiedurch ihn um ein jährliches Einkommen von 17000 Gulden, und fügt ihm über das, durch das Aushauen aller seiner Holzungen, die Wegnahme alles Hausgeräthes, Viehes ꝛc. einen Schaden von 39000 Gulden zu. Sogar Grumbach's kranke Gattin wird aus ihrem Wittthumssitze vertrieben; nach zwei Jahren räumet man ihr solchen zwar wiederum ein, aber ohne ihr die geringste Nutzung davon zu gestatten, wodurch sie sich denn sehr bald genöthiget sieht, ihn abermals zu verlassen — Grumbach stellet nun bei dem kaiserlichen Kammergerichte eine Restitutionsklage wider den wirzburgischen Bischof an, und erlangt ein Mandat zur WiederEinsetzung in seine Güter, aber auch nur das Mandat — Er publiciret nachher seine „Offene genothdrängte Klagschrift über und wider beider Bischöffe zu Bamberg und Wirzburg, auch der Stadt Nürnberg, ihm, seinem Weib und Kindern zugefügte Vergewaltigung und Entsetzung aller ihrer Güter, auch Widerlegung achterlei wider ihn ausgegossener Injurien„, richtet damit nichts aus; diese Klagschrift wird vom Bischofe Melchior in seinem „Gegenbericht und Verantwortung„ für ein „leichtfertiges Schandbuch„ erkläret — Grumbach, nachdem er sich an den Kaiser Ferdinand, ebenfalls ohne Nutzen, gewendet hat, will, zur Sicherung und Aussöhnung aller verjagten markgräflichen Diener, den Bischof von Wirzburg aufheben lassen; bei der Ausführung

(1553)

(1556)

dieses

1558 dieses Unternehmens wird der Bischof erschossen — Grumbach hat beständig geleugnet, daß er die Absicht gehabt habe, dem Bischofe „am Leben zu schaden„; inzwischen fällt doch, alles wohl erwogen, die Schuld der Ermordung des Bischofes auf Grumbachen zurück — Er begibt sich, nach dieser Unthat, nach Frankreich, wirbt da Truppen, um in das Wirzburgische zu gehen und mit gewaffneter Hand seine Sache auszuführen. Als er bis in Lothringen vorgerückt war, bewegen ihn die rheinischen Kurfürsten, durch das Versprechen, ihn mit dem neuen Bischofe von Wirzburg gütlich zu vertragen, daß er seine Mannschaft verabschiedet — III. 491 — 506. 508.

1559 Er erscheinet, nach Erhaltung sichern Geleits, auf dem Reichstage zu Augsburg, und sucht, aber vergeblich, sich über die WiederEinräumung seiner eingezogenen Güter mit dem Bischofe von Wirzburg zu vergleichen. Die wirzburgischen Gesandten erklären: „Hätten sie sich der großen Vögel erwehret, so würden sie sich vor den kleinen losen Vögeln auch nicht fürchten. Da Grumbach den Mord des Bischofs Melchior angestiftet habe, so sei er nicht nur nicht zu begnadigen, sondern auch in keinem Lande zu dulden„; wodurch denn, der vielen bei dem Bischofe von Wirzburg für Grumbachen eingelegten Fürbitten, und aller Bemühungen der zu dieser Sache verordneten kaiserlichen Kommissarien und kurfürstlichen Räthe ungeachtet, die ganze Unterhandlung sich zerschlägt — IV. 151.

Grumbach geht wiederum nach Frankreich, versucht — wenigstens hat er das behauptet — alles Mögliche, den Bischof von Wirzburg zu milderen Gesinnungen zu bewegen, aber umsonst; sieht nun sich als einen unrechtmäßig Spoliirten an, der befugt sei, sich selbst Recht zu schaffen,
die

die WiederErlangung seiner Güter allenfalls mit Gewalt zu erzwingen, und zugleich, nebst seinen beiden HauptAnhängern Ernst von Mandelsloe und Wilhelm vom Stein, sich ihres Schadens an dem Bischofe von Wirzburg zu erholen. Er kommt in dieser Absicht nach Teutschland zurück, gewinnet den Herzog Johann Friederich den Mittlern von Sachsen, und rüstet sich in dem, von diesem Fürsten ihm zum Aufenthalt eingeräumten, Schlosse Hellingen zur Ausführung seines Vorhabens. Er publiciret hierauf in seinem, und der von Mandelsloe und vom Stein, Namen 1563 ein Ausschreiben, in welchem er das ihnen sämmtlich zugefügte Unrecht weitläuftig erörtert, den Bischof von Wirzburg und dessen Vorgänger Landzwinger nennet, sie landfriedbrüchiger Thaten beschuldiget, und erkläret, er wolle nunmehro sich an dem Bischofe rächen, damit derselbe „seinen verdienten Lohn empfange, wie er denn hoffe, daß er gegen ihn mit nothdürftiger, erlaubter und natürlicher Gegenwehre gefaßt genug sei." Grumbach erfüllet diese Drohungen, überrumpelt die Stadt Wirzburg, läßt sich vom Magistrate die Pflicht leisten, sich die Thorschlüssel, und das Gewehr der Bürgerschaft abliefern, und bringt den Senioren, Domherren, Statthalter und

1563
Oct. 7 Räthen des Hochstifts diesen Vergleich ab: Dem Wilhelm von Grumbach sollen seine väterlichen Erbgüter ungesäumt wiederum eingeräumet werden, und der Bischof von Wirzburg und das Domkapitel sollen ihn deshalb gegen den Herzog Heinrich den Jüngern von BraunschweigWolfenbüttel schadlos halten. Was Grumbach's sonstige Foderungen, aus dem im Jahre 1552 geschlossenen Vertrage, und wegen seines erlittenen Schadens, auch des Entbehrens der Nutzung seiner Güter,

E 5 betrifft;

betrifft; so werden solche zu endlichem Erkenntnisse des Kurfürsten Daniel zu Mainz, des Herzogs Johann Friederich des Mittlern zu Sachsen, und des Landgrafen Philipp zu Hessen ausgesetzt. Beide Theile wollen diese Fürsten ersuchen, binnen vier Monaten Zeit und Ort zum Verhöre zu bestimmen, da denn beide Parteien erscheinen, gegen einander vernommen, und, ohne Verzug und Gefährde, verglichen werden sollen. Sterben, während der ausgemachten Frist, einer oder mehrere der gedachten Fürsten; so wollen beide Theile, innerhalb eines Monats, sich über andere, an der Verstorbenen Stelle zu wählende, vergleichen.

Ernst von Mandelsloe und Wilhelm vom Stein erhalten, für ihren in dem markgräflichen Kriege erlittenen Schaden, diese Vergütung: Dem von Mandelsloe werden 6000 Thaler bezalet. Der vom Stein bekommt in zwei Terminen 10000 Thaler, ferner, zur WiederErbauung seines Hauses Breitbach), das nöthige Bauholz aus dem bamberger Walde, und sein zu Haßfurt angehaltenes Geld wird ihm verabfolget; dagegen aber muß er dasjenige, was er dem Stifte schuldig ist, bezalen.

Grumbach will nun mit seinen Leuten unverweilt abziehen, auch das Kriegsvolk derjenigen, die ihm Hülfe und Zuzug versprochen haben, abschaffen. Um das Fortbringen ihrer Mannschaft zu erleichtern, sollen den von Grumbach, von Mandelsloe, und vom Stein 25000 Thaler gezalet werden, nämlich 10000 Thaler gleich jetzt, eben so viel auf Petri Stuhlfeier 1564, und 5000 Thaler an eben dem Tage 1565.

Von nun an höret alle Irrung zwischen dem Bischofe und dem Stifte einer, und dem von Grumbach nebst seinen Theilnehmern und Dienern

anderer

anderer Seits, auf, und der Bischof läßt alle Ungnade fallen. Auch diejenigen, welche wegen der Entleibung des Bischofs Melchior im Verdachte und in den markgräflichen Krieg mit verwickelt gewesen sind, sollen hiemit befriedet und gesichert seyn; dagegen aber soll auch der Bischof mit den Seinigen von Ihnen und den Ihrigen unbedrängt bleiben. Die fränkischen Einigungsverwandten des Bischofs werden in diesen Vertrag eingeschlossen — Alle rechtliche Handlungen am kaiserlichen Kammergericht und an dem Lehengerichte des Bischofes wider den von Grumbach und den vom Stein werden aufgehoben. Der Bischof will Wilhelmen von Grumbach und seine Mitverwandte, dieses Vertrages wegen, gegen den Kaiser, das Kammergericht, den Fiskal, und alle und jede Andere vertreten und schadlos halten, die kaiserliche Bestätigung des Vertrages auswirken und sie Grumbachen zuschicken.

Der gefangene Dompropst, Reichard von der Keere, wird, sobald er sich wegen seines Lösegeldes mit Jobst von Zedwitz verglichen hat, in Freiheit gesetzt.

Binnen zwei Monaten soll dieser jetzt geschlossene Vertrag, von dem Bischofe und gemeinen Kapitel ausgefertiget, besiegelt, und unterschrieben, dem von Grumbach in seine Behausung zu Hellingen übersandt werden. Geschieht das nicht; so sind Grumbach und seine Erben befugt, die Unterschriebenen vom Kapitel, wie auch Statthalter und Räthe, an selbstbeliebige Orte einzumahnen, die sich denn auch unverzüglich einstellen, und im Verhafte Grumbach's und seiner Erben so lange bleiben sollen, bis der, auf die jetzt bestimmte Art ausgefertigte, Vertrag überschickt und in allen Punkten vollzogen ist. „Zu Urkund und mehrerer Sicherheit

heit haben die vom Domkapitel, der Statthalter und die Räthe, die sich in Abwesenheit des Bischofs dißfalls dessen gemächtiget, nebst dem Grumbach und seinen Mitverwandten, über diesen Vertrag zwei Briefe gleichen Inhalts ausfertigen lassen, solche eigenhändig unterschrieben, und jedem Theil ein Exemplar zugestellet.„

Nach der Errichtung dieses Vergleichs entläßt Grumbach die wirzburgische Bürgerschaft der ihm geleisteten Pflicht und weiset sie wieder an den Bischof, doch mit der Klausel, daß sie ihm, Grumbachen, pflichtig bleiben sollen, wenn der Vertrag nicht gehalten wird. Er gibt dann die Thorschlüssel zurück, liefert den Bürgern ihr Gewehr aus, verläßt mit seiner Rotte die Stadt, und schleppt viel geraubtes Gut mit fort. Bei Mochsheim im Schweinfurter Gebiete verabschiedet er seine Reiter und die Hälfte des Fußvolkes; die übrigen nimmt er mit sich nach Hellingen, wo er sie abbezalt und aus einander gehen läsit.

Auf die Nachricht von Grumbach's landfriedensbrüchiger That sendet der Kaiser ein GeneralMandat in das Reich und erkläret den Grumbach und Konsorten in die ReichsAcht — Der Bischof von Wirzburg bittet, ihm zu erlauben, daß er die kaiserlichen Mandate nicht publiciren dürfe, bittet auch zugleich um die kaiserliche Einwilligung in den mit Grumbachen geschlossenen Vertrag. Der Kaiser Ferdinand aber vernichtet vielmehr aus kaiserlicher Machtvollkommenheit diesen vom Grumbach dem Hochstifte Wirzburg abgepreßeten Vergleich, und befiehlt, die Aechtung Grumbach's und seiner Anhänger, nämlich Ernst's von Mandelsloe, Wilhelm's vom Stein, Jobst's von Zedwiz, Michael's Feustlin, und Dieterich's von Picht, durch das ganze Reich zu publiciren —

Grum-

Grumbach, dem dieses nicht unbekannt bleibt, erinnert die wirzburgischen Domherren ꝛc. an ihr in Betreff der Vollziehung und Auslieferung des Vertrages gegebenes Wort. Sie antworten; Der Vertrag sei originalisiret, unterschrieben, und besiegelt, auch sei Albrecht Eitel von Wirsberg abgefertiget, um solchen ihm, Grumbachen, gegen ihre besiegelte und unterschriebene Abrede, einzuhändigen. Sie hätten geglaubt, das sei geschehen; aber in ihrer Abwesenheit habe der Bischof vom Kaiser Mandate, Inhibition, und Achts Erklärung erhalten. Dies habe die Ausrichtung ihres Befehls verhindert, woran sie doch ganz unschuldig wären. Obgleich, ihrer wiederholten Gegenbemühungen ungeachtet, die Aechtung nicht zurückgenommen, sondern vielmehr erneuert wäre; so wollten sie doch nochmals um die Aufhebung derselben bei dem Kaiser ansuchen, und „zum Besten der Sache und zu Beförderung des Vertrages„ keinen Fleiß sparen —

Der Kaiser besteht indeß ernstlich darauf, Grumbach's sträfliche That nachdrücklich zu ahnden; daher denn die wider ihn ergangene Achts Erklärung überall im Reiche publiciret, und öffentlich angeschlagen wird V. 609 — 636. VI. 1.

1564 Grumbach sucht, bei der Reichs Deputation zu Worms sich zu rechtfertigen, behauptet unter andern, nichts dem Landfrieden Widriges begangen zu haben, und bittet um ein Fürwort bei dem Kaiser, daß die Acht aufgehoben, und „er, nebst seinen Mitverwandten, an dem eingegangenen Vertrage nicht verhindert werden, vielmehr der Kaiser diesen Vertrag bestätigen„ möge. Die Antwort fällt wahrscheinlich nicht nach Grumbach's Wunsche aus. Denn bald hernach lassen er, Ernst von Mandelsloe, und Wilhelm vom Stein zum Alten-

Altenstein ein „Ausschreiben an ihre Oheime, Vettern, Schwäger und Freunde", ergehen, in welchem sie solche in ihrer Sache, die zugleich „die ganze Ritterschaft der teutschen Nation, zu Erhaltung ihrer Freiheit, zu Erledigung ihrer Unterdrückung, und zu Abhelfung ihrer Beschwerden, betreffe.", um Beistand ersuchen; worauf denn die freie Ritterschaft der sechs Orte in Franken eine Vorstellung und Fürbitte für Grumbachen bei dem Kaiser einlegt — Die vom Grumbach publicirte und der ReichsDeputation zu Worms überschickte Supplikation wird vom Bischofe von Wirzburg sehr scharf und umständlich beantwortet; und diese Beantwortung macht auf die ReichsDeputation allen vom Bischofe gehofften Eindruck — VI. 2 — 40.

Der Kurfürst von Brandenburg verwendet, auf die Bitte des Herzogs Johann Friederich des Mittlern zu Sachsen, sich für Grumbachen bei dem Kaiser — 58 — 64.
Nachträge und Erläuterungen zur Geschichte der Grumbachschen Händel in dem hier abgehandelten Zeitraume B. VI. B. XVII — XLVIII. B. VII. B. IV — XXVIII.
Uebrigens vergl.: Jüterbock; und: Worms.

Gurk
Bischof zu —: Urban ..... VI. 70.

Habilitationis Priuilegium; s.: Jülich.

Hag
Graf zum —:
Ladislaw, IV. 5.

Hagenau.
Die dasige Reichslandvogtei über die zehn elsassischen Reichsstädte betreffend; s.: Elsaß.

Hals

Sechste Abtheil. 1558 bis 1564.

Halberstadt.
Bischof zu — s.: Magdeburg.

Halle (Schwäbisch)
Versammlung:
1559 der schwäbischen Reichsritterschaft des Viertels am Kocher; wegen der von einigen Fürsten und Ständen wider sie unternommenen Beeinträchtigungen IV. 162.

Hanau.
Grafen:
Philipp der Aeltere IV. 5.
Philipp der Jüngere IV. 5.

Handel.
Die Hansestädte erhalten vom dänischen Könige 1560 Friederich dem II. die Bestätigung ihrer Privilegien, und den Odenseeischen Vertrag — In England bemühen sie sich um die Bestätigung ihrer Freiheiten vergeblich. Da leiden sie im Gegentheile durch die Adventuriers nicht wenig. Diese wollen nämlich nicht zugeben, daß die Hanser an dem freien Markte Blackwalhall mit den ersten Verkäufern handeln, oder die Tücher in den Niederlanden und Italien verkaufen sollen. Hiezu kommt, daß der Zoll um den siebenten Theil erhöhet wird; wodurch denn das hansesche Commerz immer mehr in Verfall geräth IV. 293.

Handwerker; s.: Polizeiwesen.

Hansestädte; s.: Handel.

Hardenberg (Dr. Albrecht).
Die von ihm in Bremen erregte ReligionsUnruhen betreffend IV. 321.

Hartenstein.
Diese Grafschaft hatte ehedem ihre eigene Grafen, welche zugleich Burggrafen zu Meißen waren.

Nach deren Absterben kam sie, nebst dem Burggrafthume, an eine Linie der Reuß, Herren zu Plauen, welche sie im funfzehnten Jahrhundert an die Herren von Schönburg erst verpfändeten, dann erblich überließen. Diese letzteren haben den obern Theil der Grafschaft an KurSachsen 1559 verkauft und nur den untern Theil behalten, den sie noch jetzo besitzen IV. 246. 247.

Aller Heiligen Kloster in Freiburg; f.: Freiburg.

Helfenstein.
Grafen:
Ulrich.

Georg, IV. 4. 477. 496. 503. 510. 514. 518. 532 — 534. 565. 582. 586. 621. V. 15. 18. 19. VI. 89. 90.

Sebastian, IV. 36 †). 320.

Ulrich, IV. 7. 36 †).

Schweikard, V. 664.

Helmstädt
Abt zu — f.: Werden.

Henneberg
Gefürstete Grafen zu — f. dies Repertor., Abtheil. V. S. 133.

Hericourt; f.: Rye.

Hersfeld.
Abt:
Michael, IV. 6.

Herzogenbusch
Bischof zu —:
Franz Sonnius.

Sechste Abtheil. 1558 bis 1564.

Hesbusen (Dr. Tilemann)
bringt zu Magdeburg die ganze Bürgerschaft wider
1561 das Lüneburgsche Mandat auf, und wirft gegen
den Magistrat, der dem Unfuge wehren will, mit
1562 dem Banne um sich; worüber ihm denn die Kanzel
verboten, er seines Amts entsetzt und von Magdeburg fortgeschafft wird IV. 375.

Hessen.
Landgraf:
Philipp der Großmüthige, † 1567.

Hilspach.
Versammlung:

1560 Jan. 31. Zusammenkunft des Kurfürsten Friederich von der
Pfalz mit den Herzogen Johann Friederich von
Sachsen und Christoph von Wirtemberg, welche
Fürsten hier Unterschiedliches zur Verbesserung des
Kirchenwesens mit einander verabreden — wider
die vom Herzoge Christoph gemachte Bedingung,
daß Religionshändel in dieser Zusammenkunft gar
nicht berühret werden sollten — IV. 305. 306.

Hofrath (Reichs); s. in R.

Hohenlohe.
Grafen:

Halb- { Ludewig Kasimir }
Brüder { Eberhard } III. 558. IV. 5. 8. 291.

s. dies Repertor.; Abtheil. V. S. 144.

Hohenstein und Vierraden.
Grafen:

Brüder { Volkmar, IV. 9.
Wolf 9.
Eberwein 9.
Ernst 9.
Wilhelm 320. 636.

Hoja und **Bruchhausen.**
Graf:
Albrecht, IV. 8. 9.
Holstein; s.: Dänemark; und: Schleswig.
Hoogstraten.
Graf:
Anton von Lalaing IV. 265.
Hosius (Stanisl.); s.: Wermeland.
Hugelius (Andreas); s.: Strigelius.
Jena.

Die dasigen Theologen, um sich, wie sie glauben, desto nothwendiger zu machen, suchen, die Uneinigkeit in der Kirche zu unterhalten. Sie senden daher an die zu Naumburg versammelte Fürsten eine weitläuftige lateinische Supplikation, in welcher sie ihre alte Klage über die Corruptelen, und die Bitte um eine Synode, auf welcher sie die Ketzer feierlich zu verdammen wünschen, erneuern. Sie behaupten unter andern; „Sie allein seien bisher vor den Riß gestanden — die von ihnen angefochtenen Corruptelen seien das wahre Papstthum, das man unter sich selbst ausfegen müsse, denn die Kirche müsse ohne Flecken und Runzeln seyn; ein innerlicher Feind und Ketzer sei weit gefährlicher als ein äußerlicher, und fleischliche Rathschläge, Vergleichungen, Amnestieen ꝛc. seien nur PalliativMittel, die Schrift befehle das Ausrotten des Unkrautes — der Zorn Gottes habe sich bereits neulich durch das gräuliche Donnerwetter um Weihnachten gezeigt; in der Nachbarschaft habe der Teufel einen Menschen grausam besessen; es seien Birnen mit Türkenköpfen gewachsen„ — und dergleichen Läppereien mehr. Zur Ehre des naumburgischen FürstenCongresses sei es gesagt: Diese Supplikation findet da kein Gehör IV. 329—332.

1561 (marginal)

Sechste Abtheil. 1558 bis 1564.

Die Jenaer Zeloten gehen so weit, daß sie die Fürsten zu Naumburg beschuldigen, „sie hätten sich mit den Gesandten des Antichrists eingelassen, und suchten mit ihm einen Vertrag und Religionsmengerei zu stiften„ — Unfähig, Frieden zu halten, wiederholen sie bei der Versammlung zu Erfurt ihr Geschrei um eine Synode, auf welcher sie ihre Brüder verdammen wollen; zum Glück aber mit eben so widrigem Erfolge, wie vorher zu Naumburg 365. 366.

1561 April

Jesuiten.

Der Kaiser Ferdinand läßt für den JesuitenOrden 1563 eine sogenannte „goldene Bulle„ ausfertigen V. 591. 592.

General:
Didacus Lainez.

Jevenstedt.
Versammlung:
1559 der holsteinschleswigschen Fürsten, wegen der Bekriegung der Ditmarsen IV. 211.

Index Librorum prohibitorum; s.: Bücher.

Ingolstadt.
Versammlung:
1563 landsbergischer Bundstag. Auf demselben wird von den bisherigen Einigungsverwandten, nämlich dem Kaiser, dem Erzbischofe zu Salzburg, den Bischöfen zu Bamberg und zu Wirzburg, dem Herzog Albrecht in Baiern, den Domkapiteln zu Salzburg, zu Bamberg, und zu Wirzburg, und den Städten Augsburg und Nürnberg der landsbergische Bund auf sechs Jahre verlängert V. 593.

Innsbruck.

Versammlung:
1563 Vom Kaiser, zur Untersuchung und Beantwortung unterschiedlicher Fragen, niedergesetzter Theologischer Rath, dessen vornehmste Glieder der Bischof Draskovitz von Fünfkirchen, als Präsident, und die kaiserlichen Theologen Friederich Staphylus und Peter Canisius sind — Ein Schritt, der in Trident und in Rom großes Aufsehen erreget V. 332.

Johann Angelus Medicinus; s.: Medicinus.

Johann Friederich der Mittlere,

Herzog zu Sachsen, will, von seinen zanksüchtigen Theologen verleitet, auf der Versammlung zu
1561 Naumburg die Vorrede zu der revidirten augsburgischen Confession nicht unterschreiben, protestiret vielmehr wider selbige, und verläßt, alles Zuredens angeachtet, den Congreß, ohne Abschied zu nehmen — Die von diesem an ihn nach Weimar abgeschickten Deputirten bitten ihn, sich von ihren Committenten nicht zu trennen, seine, die zu Naumburg genommene Maßregeln verschreiende Theologen und Prädikanten abzuschaffen, und nicht zu gestatten, daß in seinen Landen etwas wider die „Naumburgische Handlung„ geschrieben oder gedruckt werde. Geschähe dieses, setzen sie hinzu, dennoch; so würden ihre Principalen genöthiget seyn, ihre Unschuld öffentlich darlegen zu lassen — IV. 342 — 344. 349 — 352.

Johann Friederich läßt, zu seinem nachherigen Verderben, sich vom Wilhelm von Grumbach gänzlich einnehmen, und ist gegen die kaiserlichen Befehle, diesen geächteten Landfriedens Störer nicht zu hegen, sowol, als gegen andere Warnungen

Sechste Abtheil. 1558 bis 1564.

gen und Vorstellungen, taub — V. 610. 636. 637. VI. 57. 58.
  Vergl.: Erfurt; Jena; Sachsen.
  Johanniter Orden.
  Meister in Teutschland:
Georg von Hohenheim, genannt Bombast.
  Isenburg.
  Grafen:
Anton, zu Büdingen IV. 8. 195.
Reinhard, zu Büdingen (Birnstein) 8.
Anton, zu Ronnenburg (Kelsterbach) IV. 232. 234. 239.

| Georg, IV. 239. | Wolfgang 239. | Heinrich 239. 320. |

  Isle (!) und S. Amand
  Abt zu —:
Gilles von Noailles, französischer Gesandter zu Rom IV. 401 — 403. 406. 407.
  Istria (Capo d'); s.: Capo.
  Juden
dürfen, vermöge des Vilnaer Vertrages, in Liefland nicht Handel treiben, auch keine Pachtungen da eingehen oder besitzen IV. 441.
  Jülich.
Der Kaiser bestätiget den Vertrag, daß die Fürstenthümer Jülich, Cleve, und Bergen zu ewigen Zeiten mit einander vereiniget und unzertrennet bleiben sollen, bei Strafe von 40 Mark löthigen
1559 Goldes. Eben derselbe erneuert das, nachher dem Hause Sachsen so nachtheilig gewordene, Priuilegium *Habilitationis*, durch welches die Töchter zur Erbfolge fähig erkläret sind, unter der in demselben bestimmten Strafe von 100 Mark löthigen Goldes IV. 189.
Herzog; s. dies Repertor., Abtheil. V. S. 155.

Jüterbock.
Versammlung:

1564 Obersächsischer Kreistag; wegen der Grumbachschen Händel. Der hier gemachte Abschied wird von den Gesandten des Herzogs Johann Friederich des Mittlern von Sachsen nur „auf Hinter sich bringen„ angenommen VI. 65.

Kaiser.

Die Streitigkeiten des Kaisers Ferdinand des I. 1558 mit dem Papste Paullus dem IV. verursachen, daß Ferdinand den Römerzug nicht unternimmt und sich nicht vom Papste zum Kaiser krönen läßt; ein Beispiel, welches alle folgende Kaiser nachgeahmet haben III. 558. s. auch dies Repertorium, Abtheil. V. S. 172.

Kaisersheim.
Abt:

Johann, IV. 4.

Kammergericht (Kaiserliches und Reichs).

Die Gesandten des Herzogs Johann Frieberich zu 1559 Sachsen auf dem Reichstage zu Augsburg, Eberhard von der Tanne, und Hans Veit von Obernitz, übergeben dem Ausschusse im Fürstenrathe eine einseitige Schrift, welche auch im öffentlichen Reichsrathe verlesen wird, und Beschwerden über das Kammergericht und den Kammerrichter, Bischof Michael von Merseburg, in sehr heftigem Tone enthält. Darüber kommt es zu so bitterem Streite, daß beinahe der Reichstag sich zerschlagen hätte. Die katholischen Stände werden nämlich über die Aeußerung der sächsischen Gesandten: „der Papst und sein Anhang seien inimici capitales et atrocissimi der Evangelischen„, im höchsten Grad aufgebracht, weil sie meinen, unter diesen

abge‐

Sechste Abtheil. 1558 bis 1564.

abgesagten Feinden würden der Kaiser, und die katholischen weltlichen Kurfürsten, Fürsten, und Stände mit verstanden, und, die A. C. Verwandten, die doch keinen Antheil an jener Schrift hatten, dächten, den Religionsfrieden umzustoßen — ein Wunsch, der mit mehrerem Grunde den katholischen geistlichen Fürsten, als den Evangelischen, beigemessen werden kann — Der Kaiser und die A. C. Verwandten bemühen sich eifrigst, die arge Zänkerei zu stillen, und den Geistlichen, welche die weltlichen katholischen Stände aufgehetzt hatten, begreiflich zu machen, daß sie allein gemeinet seien; und so wird denn endlich der Zwist durch einen dem von der Tanne gegebenen Verweis abgethan IV. 64 — 71.

1559 Merkwürdige Verfügungen des augsburgschen Reichsabschiedes in Ansehung des Kammergerichts: Jeder derjenigen Stände, die zu den Visitationen des K. G. beschrieben werden, soll seine „zu der Visitation qualificirte und der Ordnung gemäße„ Räthe gewiß abfertigen, damit sie, nebst den erschienenen kaiserlichen Kommissarien, die Visitation unverzüglich anstellen können. Bleiben einer oder mehrere der beschriebenen Stände aus, oder schicken sie keine qualificirte Räthe zu der Visitation; so sollen der oder die Ausgebliebenen den kaiserlichen Kommissarien und den Ständen und Räthen der übrigen Visitatoren alle Kosten ersetzen, und die Erschienenen sollen die Visitation auf die beschriebenen, aber ausgebliebenen Stände auf das nächste Jahr prorogiren. Bleiben sie alsdenn abermals aus; so wird es, wie im vorigen Jahre, gehalten —

Wenn wegen des Ausbleibens einiger Visitatoren die Revision oder Syndikat nicht vorgenommen werden kann, oder zur Ausschließung der gegenwärtigen Räthe von dieser Handlung rechtmäßige Ursachen

Ursachen eintreten; so sollen diejenigen Stände, bei denen sich solcher Mangel befunden, sowol den gewesenen Beisitzern, die nicht mehr an dem Orte des Gerichts wohnen, aber bei der Abfassung der Urtheile, über welche Revision oder Syndikat vorgenommen werden sollen, zugegen seyn müssen, und daher zum Erscheinen bei dem Gerichte beschrieben worden, als auch den Parteien, die Kosten vergüten. Diesen letzteren bleibt ihr Recht an Revision oder Syndikat bis zur nächstfolgenden Visitation vorbehalten und es wird abermals auf die vorhin beschriebenen Stände prorogiret —

Die Kurfürsten, Fürsten, und Stände sollen zu den Visitationen, Revisionen oder Syndikaten ihre „erfahrnen, gelehrten und geschworenen Räthe, Syndicos, oder Rathsfreunde, die in Jahresfrist dem K. G. nicht verpflichtet gewesen sind„, abschicken. Treten dem ungeachtet Exceptionen oder Rekusationen ein; so sollen die bei der Visitation anwesenden kaiserlichen Kommissarien und der Stände Visitatoren Räthe und Befehlshaber erkennen, ob die Rekusirten, und welche von ihnen, dennoch bei der Visitation, Revision und Syndikate bleiben, oder davon ausgeschlossen werden sollen; und diesem Erkenntnisse soll nachgelebet werden. Werden durch selbiges einer oder mehrere der Erschienenen ausgeschlossen, und hieburch die Visitation, Revision oder Syndikat verhindert; so müssen die Stände, welche den oder die Ausgeschlossenen geschickt haben, die Kosten tragen, und die Visitation ꝛc. soll auf die vorbeschriebenen Stände prorogiret und auf das künftige Jahr erstreckt werden —

Der Fürst, welchen die Ordnung trifft, muß persönlich bei der Visitation erscheinen, oder einen andern Fürsten oder Fürstenmäßigen für sich substituiren.

Sechſte Abtheil. 1558 bis 1564.

ſtituiren. Thut er Beides nicht und vereitelt hierdurch die Viſitation; ſo iſt er zur Erſtattung der Koſten verbunden. Gegen diejenigen, welche die Koſten, die ſie zu erſetzen, in Gemäßheit des bisher Angeführten, ſchuldig ſind, nicht abtragen, ſoll der kaiſerliche K. G. Prokurator Fiſkal verfahren, und das K. G. ſoll, ohne Zulaſſung von Exceptionen, darauf erkennen —

Zwei zur Viſitation beſchriebene Stände oder Herrſchaften ſollen nicht Eine Perſon bevollmächtigen, ſondern jeder Viſitator ſoll einen eigenen Rath oder Befehlshaber zu den Viſitationen ſchicken —

Die im Jahre 1557 auf fünf Vierteljahre angenommenen ſechszehn außerordentlichen Aſſeſſoren ſollen bis zu der auf Oculi 1560 zur Viſitation des K. G. angeſetzten außerordentlichen ReichsDeputation beibehalten werden — 74 — 77.
1564 Viſitation des Kammergerichts V. 659 — 685.

Kempten.
Abt:
(† 1571) Georg, Freiherr von Grabenegg.

Kirchberg (Eitel Heinrich von), des Herzogs Heinrich des Jüngern zu Braunſchweigsüneburgwolfenbüttel natürlicher Sohn *), gibt auf den Antrag: Er ſolle legitimiret, und zum Nachtheile des ehelichen Prinzen Julius, zum Erben ſeines Vaters eingeſetzt werden, die, ſein Andenken verherrlichende Antwort: „Hätte der Allmächtige mich zum Fürſten beſtimmt, ſo würde er mich haben Fürſt werden laſſen; ich will in dem Stande bleiben, in welchen Gott mich geſetzt hat„ VII. 605.

---
*) ſ. dies Repertor., Abtheil. V. Tab. II.

Kirchenversammlungen:
1561 zu Paris; Synode der französischen Bischöfe IV. 401.

zu Trident. Vorbereitende Anstalten 252—261. 377—411.

1562 1563. Eröffnung des Conciliums — Verhandlungen — Zänkereien — Dekrete — Beschluß — V. 132—572.

Köln.
Erzbischöfe und Kurfürsten:
Anton, Graf von Schaumburg,
1558 stirbt plötzlich auf dem Schlosse Godesberg III. 459.

Johann Gebhard, Graf zu Mansfeld, vorderorthscher Linie, bisher Propst zu S. Georg in Köln
† 1562 und zu S. Servatius in Utrecht.

Friederich der IV., Graf zu Wied,
(1567) dankt ab.

Königstein
Grafen zu — s.: Stolberg.

Kostnitz.
Bischöfe:
† 1560 Christoph Metzler.
(dankt ab 1589) Marcus Sittich, Graf von AltEmbs, Kardinal.

Kreger (Christoph)
1558 ermordet den wirzburgischen Bischof Melchior von Zobel, wird auf dem Reichstage zu Augsburg
1559 geächtet, auf dem Schlosse Schauenburg oder Schaumberg an der lothringenschen Gränze in Verhaft genommen; gibt den Jobst von Zettwitz, Dieterich Picht oder Bichs, sammt ihren Knechten, und die einspännigen Knechte Peter Weigel, Hans Beheim, und Michel Feistlin als seine Mitschuldige an; soll nach Wirzburg geführet werden, um da seinen Lohn zu empfangen, erhenkt sich

Sechste Abtheil. 1558 bis 1564.

sich aber unterwegs in Seligenstadt. Auch die eben genannten Theilnehmer an seiner Frevelthat sind fast alle eines unnatürlichen Todes gestorben III. 505. 507. 508. IV. 152.

Kriegswesen.

Erneuerung des Verbots, in fremde feindliche Kriegsdienste zu gehen, mit der Exasperirung, daß die Uebertreter, außer den, auf ihr Verbrechen bereits gesetzten, Strafen, ipso facto in die kaiserliche und ReichsAcht verfallen seyn sollen — ingleichen

Verordnung, daß keiner fremden Macht ein Musterplatz oder Durchzug ihres Kriegsvolkes im teutschen Reiche gestattet werden solle —
1559 auf dem Reichstage zu Augsburg IV. 58. 59.

Diese Befehle werden von den teutschen Fürsten, Grafen, Herren, und Edelleuten nicht immer befolget. So läßt z. B. der Graf Günther der Streitbare von Schwarzburg sich von dem Könige 1563 von Dänemark zu dessen FeldObersten bestellen. Er zeigt jedoch nicht nur dem Kaiser dieses an, sondern bittet auch ihn um Erlaubniß dazu, und meldet, daß er die dänische Kriegsbestallung unter der ausdrücklichen Bedingung, nicht wider den Kaiser, das H. R. R., und seine angeborne natürliche Lehenherren dienen zu dürfen, angenommen habe. Zugleich erbietet er sich, daß, wenn der Kaiser etwa seiner bedürfe, und ihn, ehe er vor dem Feinde liege, und, wenn er mit Ehren abkommen könne, fodern würde, er zu dessen Dienste bereit seyn wolle; würde er aber, setzt er hinzu, zu erscheinen verhindert, so könne sein zu Hause zurückgelassener Bruder dem Kaiser, auf Verlangen, 1500 Pferde zuführen V. 597. 598.

Kurfürsten.

1558 Neuester KurfürstenVerein, zu Frankfurt geschlossen: Kein Kurfürst soll den andern, „beiderseits Religion und Zeremonieen halber„, auf Wahl- und KrönungsTagen, oder sonst, ausschließen und unfähig achten; die Kurfürsten wollen überhaupt, jenes Punkts wegen, keinen Unwillen wider einander hegen, oder einander deshalb „gefähren„, sondern vielmehr alles freundlichen Guten gegen einander sich befleißigen. Sie wollen die unter ihnen etwan entstehende Zwistigkeiten durch gewillkührte Austräge beizulegen suchen. Wären einige unter ihnen nicht in „sonderlichen Austrägen oder Verfassungen„, und einer gewänne an den andern Ansprache oder Foderung; so mögen dieselben, oder einer von ihnen, die Sache an die „zwei nächstgesessenen Kurfürsten„, oder, nach Beschaffenheit der Umstände, an alle übrige vier Kurfürsten, um Benennung gütlicher Handlung, gelangen lassen, welche denn die zwei „irrigen„ Kurfürsten an eine der gewöhnlichen Mahlstäte: **Mainz, Frankfurt, Gelnhausen, Fulda, Mühlhausen,** vor sich, oder ihre subdelegirten Räthe, bescheiden sollen, um in Person, oder durch ihre bevollmächtigten Räthe zu erscheinen und gütliche Unterhandlung zu pflegen; diese soll innerhalb vier Monaten geendiget werden, oder jedem Theile soll das ordentliche Recht zugelassen seyn. Läßt binnen gedachter Zeit die Sache sich nicht gütlich ausgleichen, oder steht die abgesetzte Gütlichkeit einer von beiden Parteien, oder auch beiden, nicht an; so kann der klagende Theil das Recht gebrauchen, und sich der gesetzmäßigen Austräge, als der ersten Instanz, bedienen.

Wird ein Kurfürst von seinem Kurfürstenthume, seinen Herrlichkeiten, Zöllen ꝛc., wider die G. B.

und den „Frieden in Religions- und ProfanSachen„, gedränget, bekrieget ꝛc.; so ladet er die übrigen Kurfürsten in eine der vorerwähnten Mahlstäte ein, und diese müssen, wenn nicht redliche Ehehaft sie abhält, persönlich erscheinen, um zur Abstellung solcher Vergewaltigungen dienliche Maßregeln zu nehmen. Die Kurfürsten sollen und wollen einander Beistand und Hülfe leisten, den römischen Kaiser deshalb anrufen, und in Beeinträchtigungsfällen „sich des H. R. Constitution, Landfriedens, und desselben ExekutionsOrdnung gebrauchen.„

Entsteht Unruhe und Empörung im Reiche oder wider den Kaiser; so kommen die Kurfürsten, auf Einladen des Kurfürsten von Mainz, in einer der obigen Mahlstäte zusammen, um mit einander zu rathschlagen.

Die Kurfürsten wollen einander beiräthig und behülflich seyn in allen Sachen und Handlungen, die das H. R. R. und die Kurfürsten von des H. R. R. wegen betreffen, z. B. wenn jemand nach dem H. R. R. stände oder stehen würde, oder sich unterfangen wollte, dasselbe von Teutscher Nation zu „transferiren„ — ein jetzt erst eingerückter Ausdruck — und zu verändern, der G. B., und der jetzigen „neuesten kaiserlichen Kapitulation„ zuwider; ingleichen, wenn ohne der sämmtlichen Kurfürsten Wissen und Willen entweder mit Vikariat, oder sonst wider das alte Herkommen, die G. B., die kaiserliche Kapitulation, und den Frieden in Religions- und ProfanSachen, etwas vorgenommen würde — Auf kaiserlichen und königlichen Tägen wollen die Kurfürsten sich nicht trennen, sondern als „ein Wesen und Sammlung„ bei einander halten; sie wollen, ohne ihre „einmüthige Bewilligung oder hochbewegende Ursachen„,

sachen „, sich zu „keinem Ausschlusse„ bereden oder „dringen„ lassen — Sie verbinden sich, die vom Kaiser Ferdinand beschworene Kapitulation bei ihrer Kraft zu erhalten, und einer ohne die anderen nichts dagegen zu bewilligen; ingleichen, alles Mögliche beizutragen, daß das H. R. R. nicht „geschmälert„, davon nichts „entfremdet„, und es nicht „entgliedert„ werde. Sollten etwan aus den hier getroffenen Verabredungen oder anderen Sachen Unruhen und Beschwerungen entstehen; so muß jeder Kurfürst, so bald er das erfährt, solches den übrigen Kurfürsten brüderlich und vertraulich eröffnen, damit sie insgesammt dawider seyn und den Kaiser um Schutz anrufen können. Die Kurfürsten wollen denjenigen, welche einen oder mehrere von ihnen beeinträchtigen, kein Geleit geben, sie nicht hausen und hofen, sondern vielmehr, zur Bestrafung derselben, einander beförderlich seyn.

Wenn Jemand auf die Kurfürsten, sammt oder sonders, wegen dieser ihrer „Einung„, oder einigerlei aus selbiger entspringenden Ursachen halber, Ungunst oder Feindschaft wirft; so ist das die gemeine Sache aller Kurfürsten; und sie wollen alsdenn den Kaiser deßhalb anrufen, sie zu vertheidigen und zu handhaben.

Stirbt ein Kurfürst; so wird dem Nachfolger desselben der gegenwärtige Verein bekannt gemacht, mit der Ermahnung, solchem beizutreten. Bezeugt er Lust hiezu; so soll er, vor seiner Aufnahme, diese „Einigung und Vertrag getreulich zu halten„, geloben, und zu Gott und dem heiligen Evangelium — so heißt es jetzt zum ersten Male, statt der ehemaligen Formel: zu den Heiligen — schwören, auch seinen besiegelten Brief darüber geben. Der ihm am nächsten wohnende Kurfürst nimmt den Eid von ihm, empfängt den Brief darüber

Sechste Abtheil. 1558 bis 1564.

über von ihm, und händiget dagegen die Briefe der übrigen Kurfürsten, die in der kurmainzischen Kanzlei ausgefertiget, und von jedem Kurfürsten besiegelt werden sollen, ihm aus. Die Bekanntmachung des Vereins an einen neuen Kurfürsten, nebst der Ermahnung, dem Vereine beizutreten, geschiehet durch den Kurfürsten von Mainz; dem jedesmaligen neuen Kurfürsten von Mainz aber wird von dem Kurfürsten von Trier der Verein bekannt gemacht, die Annehmung desselben angerathen, der Eid abgenommen u. s. w. Wenn die Nachkommen und Erben der jetzigen Kurfürsten diesem Vereine nicht beitreten wollen; so sollen doch die überlebenden Kurfürsten sich nach Ausweisung dieser „brüderlichen Einigung und Verttrages„ getreulich zu einander halten. Zu desto kräftigerer Handhabung desselben wollen die Kurfürsten alle vier Jahre einmal persönlich zusammenkommen; diese Zusammenkünfte sollen abwechselnd in einer der mehrgedachten fürs Mahlstäte, die erste zu Frankfurt, die zweite zu Mühlhausen u. s. f. gehalten werden. Im Falle legaler Verhinderung kann ein Kurfürst seine Stelle durch seine Gesandten in solcher Zusammenkunft vertreten lassen.

Schließt ein Kurfürst etwa noch andere Einigungen; so muß er dabei allemal diesen „Verein und Verschreibung ausnehmen„

Der VereinigungsBrief ist von den sechs Kurfürsten eigenhändig unterschrieben, in dieser Ordnung: Mainz, Köln, Trier, Pfalz, Sachsen, Brandenburg III. 449—458.

Vergl. dies Repertor., Abtheil. III. Abschn. 1. S. 79. Abschn. 2. S. 98. Abschn. 3. S. 111. Abschn. 4. S. 54.

Das Wahlrecht der geistlichen Kurfürsten ist ein persönliches Recht, dessen die Domkapitel,

tel, sede vacante vel impedita, sich nicht anmaßen können IV 467.

Vertrag zwischen KurMainz und KurSachsen über die Ansage auf den Reichsversammlungen; s.: Reichsversammlungen.

1564 Auf dem ReichsDeputationstage zu Worms sondern die Kurfürsten sich von der gemeinen Berathschlagung ab. Die fürstlichen Räthe wollen das, weil es eine Neuerung sei, nicht zugeben, und wenden sich an die kaiserlichen Kommissarien. Diese bemühen sich zwar, die Kurfürsten zur GesammtBerathschlagung zu bewegen, aber vergeblich. Nun wollen die fürstlichen Räthe die Gesandten der Städte von der gemeinschaftlichen Berathschlagung ausschließen; sie lassen sie doch endlich, wiewol mit Protestation, zu — Jetzt also setzen die Kurfürsten zuerst sich in den Besitz des Rechts, bei den ordentlichen ReichsDeputationen ein besonderes Collegium zu formiren, und sie haben sich dabei behauptet VI. 55. 56.

Kurland und Semgallen wird ein, von der Krone Polen zu Lehen gehendes, 1561 Herzogthum IV. 440.

s. übrigens: Vilna.

Lainez (Didacus), General der Jesuiten, setzt, gleichsam aus großer Demuth, auf dem Concilium zu Trident sich ganz unten hin — ein guter Einfall, da man nicht wußte, ob man ihn unter die *Regulares* oder die *Seculares* rechnen sollte — V. 134. Er redet in dieser Kirchenversammlung für die Hoheit des Papstes mit solcher Heftigkeit und Unvernunft, daß selbst die eifrigsten Anhänger des Papstes sich schämen, und die Legaten sich genöthiget sehen, ihm die Bekanntmachung seiner Rede zu verbieten 264—266.

schwatzt

Sechste Abtheil. 1558 bis 1564.

schwatzt nachher in eben dieser Versammlung Vieles von der Wahl der Bischöfe, dem Alter, den Eigenschaften, der Prüfung der Priester ꝛc., und vertheidiget den Supremat des Papstes auf eine übertriebene und ärgerliche Weise 408. 409.

Lanciano.
Erzbischof:
Leonhard Marinus V. 192. 195. 196. 208. 371. 372. 548. 549.

Landfrieden.
Bestätigung der ExekutionsOrdnung, und andere Vorkehrungen zur Sicherung des Landfriedens, besonders Gebot einer „allgemeinen NachEile auf frischer That und in LandfriedensbruchsFällen durch das ganze Reich", auf dem Reichstage zu
1559 Augsburg IV. 55—61.

Landsberg
Versammlungen:
1558 Bundstag des landsbergischen Bundes III. 581.
1561 Desgleichen IV. 418.
1564 Abrechnungstag der landsbergischen BundesStände V. 659.

Langusco (Thomas); s.: Stropiana.

Lavant.
Bischof:
Martin Herkules Retthinger V. 182.

Leiningen.
Grafen:

Zu Dachsburg: Zu Westerburg:
Hans Heinrich IV. 8.
Brüder {Hans Philipp, Emich} IV. 8.   Brüder {Philipp, Reinhard, Georg} IV. 8.

9. Theil. E Leitis.

Leiria.
Bischof:
Casalius V. 288.

Leuchtenberg.
Landgrafen: s. dies Repertorium, Abtheil. V. S. 190.

Leutenberg.

Der Herzog Johann Friederich der Mittlere zu Sachsen kauft, für sich und seine beiden Brüder, dem Grafen Philipp zu Schwarzburgleutenberg 1563 die Herrschaft Leutenberg für 68137 Gulden 1 Groschen ab. Der Kaufschilling wird hernach 1564 bis auf 92137 Gulden 1 Gr. erhöhet, und man wird zugleich einig, daß der Herzog die Gläubiger des Grafen befriedigen, der letztere die Herrschaft Zeit seines Lebens behalten und nutzen, nach seinem Absterben aber die Herrschaft dem Herzoge eigenthümlich zufallen solle. Wenige Tage nach dieser Verabredung stirbt der Graf Philipp; der Herzog Johann Friederich nimmt von der Herrschaft Leutenberg Besitz und läßt sich von den Unterthanen huldigen. Hiewider protestiren die Grafen Günther und Hans Günther von Schwarzburg, so wie sie vorher gegen den KaufKontract protestiret hatten; sie lassen sich ebenfalls von den leutenbergischen Unterthanen huldigen, und wirken am kaiserlichen Hofe ein Restitutionsmandat wider den Herzog Johann Friederich aus. Dieser Fürst geräth bald hernach in die Reichsacht. Nun erlangen die Grafen zu Schwarzburg vom Kaiser die völlige (1566) Befugniß, die Herrschaft Leutenberg wiederum in ihre Gewalt zu bringen. Auf die Vermittelung des Kurfürsten August von Sachsen und der kai(1567)serlichen Kommissarien entläßt der Herzog Johann Wilhelm von Sachsen die Unterthanen in der Herrschaft

Sechste Abtheil. 1558 bis 1564.

schaft Leutenberg ihrer Pflicht, den Punkt aber wegen der von seinem geächteten Bruder ausgezaleten Gelder setzt er auf ein Kompromiß zu gütlicher Handlung durch den Kurfürsten von Sachsen, oder, wenn der Weg der Güte fruchtlos versucht wäre, auf einen rechtlichen Spruch am kaiserlichen Hofe, aus. Die Grafen zu Schwarzburg nehmen hierauf die mehrerwähnte Herrschaft wiederum in (1569) Besitz. Man pflegt zu Dresden VergleichsUnterhandlungen ohne Erfolg. Nun weiset der Kaiser (1570) die Sache zum Rechtsspruche an das Kammergericht. Dieses fället, nach geraumer Zeit, ein (1593) Endurthel, durch welches die Grafen zu Schwarzburg von der Klage losgesprochen, die beiderseitigen Kosten aber gegen einander aufgehoben werden V. 126—128. VII. 174. 175.

Liefland.

1558 ss. Blutige Unruhen in Liefland, und unnütze Verwilligungen der teutschen Reichsstände, zum Besten der bedrängten Liefländer, auf dem Reichstage 1559 zu Augsburg IV. 127—138.

Fernere, gutentheils gleichfalls blutvolle, Auftritte in diesem Lande — Entwickelung derselben: Ganz 1561 Liefland, mit Inbegriff von Ehstland, kommt unter die Botmäßigkeit von fünf Herren. Rußland nämlich behält seine Eroberungen, d. i. die Stadt Narva, das ganze Stift Dorpat, Alentaken, einen Theil von Wirland und Jerwen, und alle Schlösser und Oerter längs der russischen Gränze; Harrien mit der Hauptstadt Reval, und ein Theil von Wirland unterwerfen sich der Krone Schweden; die Insel Oesel und die Landschaft Wyck erkennen den dänischen Prinzen Magnus, Herzogen von Holstein, für ihren Oberherrn; Lettland, die Stadt Riga ausge-

nommen, begibt sich unter polnische Herrschaft; und Kurland nebst Semgallen wird ein eigenes Herzogthum 422—444.
Vergl.: Vilna.

Lindau
Aebtissin:
Katharina IV. 147.

Lippe
Graf und Edler Herr zur —:
Bernhard IV. 8.

Löwenstein
Grafen:
Friederich III. 582. IV. 64. 414. V. 664.
Ludewig VI. 40.

Lothringen.
Herzoge: s. dies Repertorium, Abtheil. V. Tab. III.

Lübeck.
Bischöfe:
† 1559 Andreas von Barbi.
† 1561 Johann der IX., Tidemann.
Eberhard von Holle, bisher Abt und Herr des Hauses zu S Michael in Lüneburg; wird, obgleich evangelisch, vom Papste bestätiget; setzt die Reformation in seinem Hochstifte eifrig fort, und macht
(† 1586) es durchgehends evangelisch.
Auch hat Lübeck seitdem evangelische Bischöfe behalten IV. 415.

Lüders (Abtei); s.: **Murbach.**

Lüneburg.
Versammlungen:
1561 Jul. der niedersächsischen Theologen. Schluß ihrer Berathschlagungen: Sie behalten als ein Corpus Doctrinae, bei welchem sie zu bleiben gedenken, die
Augs-

Sechste Abtheil. 1558 bis 1564.

Augsburgische Confession in dem Sinne, wie sie in deren Apologie, den schmalkaldenschen Artikeln, dem Katechismus und anderen Schriften Luther's aus Gottes Wort erkläret worden, „damit sie kein Cothurnus und Deckmantel allerlei irriger und falscher Lehre werde." Sie verdammen die Osiandristen, Majoristen, Zwinglianer, Kalvinisten, Adiaphoristen, Pelagianer, Synergisten, Wiedertäufer, Hexen, Zauberer, Enthusiasten, und Schwenckfeldisten, welche letztere sie mit Epikur'n in Eine Klasse setzen — Sie rathen, auf dem vom Papst angesagten Concilium nicht zu erscheinen.

Diese niedersächsischen Theologen kümmern sich also um den naumburgschen Abschied nicht im mindesten, sondern werfen ihn durch ihr Verdammen der vermeinten Ketzer über'n Haufen — IV. 370 — 372.

der niedersächsischen Kreisstände, welche die obigen Dekrete der Theologen billigen, der zu Naumburg der Augsburgschen Confession vorgesetzten neuen Vorrede widersprechen, aber dem daselbst in Betreff der Mäßigung der theologischen Streitigkeiten gefaßten Schlusse beitreten, und das Lüneburgische Mandat publiciren, dessen Haupt-Inhalt so lautet: Man soll gegen die Wiedertäufer auf der Hut seyn, und keine Winkelpredigten oder Conventikel gestatten. Die Lehrer und Prediger sollen die Lehre vom heiligen Abendmahle nach Maßgebung der heil. Schrift, der Augsburgschen Confession, und derselben Apologie, vortragen; wer hiewider handelt, soll im Lande nicht geduldet werden. „Da das ungebürliche Schelten und Lästern auf der Kanzel, auch das Verdammen Anderer, die noch nicht gehöret, noch jemals überwunden worden, fromme, christliche Prediger nicht geziemet, wider Gottes

E 3 Befehl

Befehl und die christliche Liebe ist, und nur zu großen Widerwärtigkeiten, und Mißtrauen zwischen Hohen und Niedern, auch zuletzt zum Verachten aller Religion Anlaß giebt; so wird allen Predigern ernstlich befohlen, das Wort Gottes lauter und rein vorzutragen, und, sich des bisher ausgeübten Scheltens und Lästerns auf Privatpersonen, oder wider Umversitäten, die weder eines Irrthums überzeuget, noch durch ordentliches Erkenntniß dessen überwunden worden, gänzlich zu enthalten, bei Vermeidung der Landesverweisung, oder anderer gebürlicher Leibesstrafe. Wenn aber ja einer Jemanden einer unrichtigen Lehre verdächtig oder damit behaftet erkennet; so soll er ihn freundlich und brüderlich ermahnen, oder die Sache zum Verhöre bei Consistorien befördern." Schmähschriften, Famoslibelle ꝛc. sollen, bei Leibes- oder anderer willführlichen Strafe, im niedersächsischen Kreise nicht gedruckt, und nicht verkauft werden. Niemand soll, bei Strafe der Landesverweisung, Bücher, ohne obrigkeitliche Censur, in Druck geben; einen Uebertreter dieses Gebots wollen die Stände nie wiederum aufnehmen 372—374.

Vergl.: Hesbusen; Mörlin.

1561 Jan. Niedersächsischer Kreistag, auf welchem unter andern über die Bremenschen Unruhen (deren Erzählung in die siebente Abtheilung dieses Repertoriums gehört) gerathschlaget wird VI. 359.

Herzoge: s. dies Repertor., Abtheil. V. Tab. II.

Lüttich.

Bischöfe:

† 1563 Ruprecht, aus Bergen.
(† 1580) Gerhard, Freiherr von Grösbeck, Kardinal.

Luna

Luna

N. N. Graf von — spanischer Gesandter auf der Kirchenversammlung zu Trident V. 356 — 358. 384 — 387. 401. 406 — 408. 412 — 418. 420. 421. 425. 426. 429 — 433. 439 — 441. 444. 445. 447. 452. 453. 455 — 457. 463. 467 — 469. 492 — 494. 497. 498. 501. 503. 504. 506. 512 — 515. 541. 542. 552 — 560. 562. 563. 566. 567.

Lupfen.
Grafen:

Eitel Friederich IV. 5. 8.
Johann 7.

Magdeburg.

Der dasige Magistrat fodert von seinen Predigern 1558 ein Gutachten über den Frankfurtischen Receß. Dieses faßt der bekannte Wigand ab. Sein erster, eigenhändiger Aufsatz ist in der Fürstlichen Bibliothek zu Wolfenbüttel; ein sauberes Denkmal von Wigand's intoleranten Gesinnungen, und von seinem Mangel an feiner Lebensart sowol, als an nöthiger Weltklugheit — Dieser erste Wigandsche Aufsatz ist hernach umgeformet, wie aus einer andern Handschrift der Wolfenbüttelschen Bibliothek erhellet, welche das „Bedenken der Magdeburgischen Prediger auf den Frankfurtischen Abschied der weltlichen Kurfürsten„ enthält. Die eifrig orthodoxen Magdeburger haben denn natürlicher Weise an dem Recesse allerlei auszusetzen — III. 473 — 476.

Die Stadt Magdeburg wird, nach fußfälliger Abbitte, der Reichsacht, mit welcher der Kaiser Karl der V. sie belegt hatte *), 1562 entlediget IV. 451.

*) s. dies Repertor., Abtheil. V. S. 204. 205.

Erzbischof:
Siegmund, Markgraf von Brandenburg, auch Administrator zu Halberstadt III. 558. 559. 569. IV. 5. 379. 381.

Magnus,
des dänischen Königs Christian des III. Sohn, Herzog von Holstein, nimmt die Insel Oesel 1560 in Besitz IV. 426. VIII 522.
Vergl.: Pernau; Reval; Vilna.

Mainz.
Erzbischof und Kurfürst:
†1582 Daniel Brendel von Homburg.

Malaspina.
Markgrafen:
Morellus
Anton
Franz
Friederich
} V. 592.

Mandelsloe (Ernst von); s.: Grumbach.

Manderscheid und Blankenheim.
Graf:
Johann IV. 635.

Mansfeld.
Grafen:
Albrecht IV. 5.
Hans Georg 8.
Peter Ernst, Statthalter über Luxemburg 8. 264. 574. 635.
Hans Albrecht 320.

Mantua.
Herzog: s. dies Repertorium, Abtheil. V. S. 210.

March-

Sechste Abtheil. 1558 bis 1564.

Marchthal.
Abt zu —

Christoph ..... IV. 7.

Margareta,

Herzogin von Parma, des Königs Philipp des II. von Spanien natürliche Schwester *), wird von demselben zur Oberstatthalterin in den gesammten
1559 Niederländen bestellet IV. 263. 269. 270.

Maulbronn.

Versammlungen:

1562 Febr. einiger Kurfürsten und Fürsten; wegen der kaiserlichen GeneralBestätigung der Privilegien und Freiheiten der schwäbischen Reichsritterschaft, und der von diesem Corps errichteten neuen Ritterordnung IV. 454.

1564 Januar der Räthe des Herzogs Christoph von Wirtemberg, des Kurfürsten von der Pfalz, des Pfalzgrafen Wolfgang, des Herzogs Albrecht von Baiern, des Landgrafen Philipp von Hessen, und der Markgrafen Karl und Philibert von Baden; wegen der von der Reichsritterschaft unternommenen Neuerungen. Man faßt diese Schlüsse ab: Die sogenannte Gesellschaft des Adels hat die Kurfürsten und Fürsten unverschuldeter Weise, „ganz verkleinerlich bei dem Kaiser angezogen, die Hoheit, Regalien ꝛc. derselben angetastet, sich zusammen rottiret, und eine Trennung unter den Reichsfürsten zu stiften gesucht.„ Sie „will sich von des Reichs Verordnungen, Landfrieden, und Abschieden absondern, sich und ihre Güter, die sie doch größtentheils von den Reichsständen zu Lehen trägt, entziehen — ist dem Reichsschlusse, wegen der NachLehe der gefreieten Herrschaften und Güter, und der Vollziehung des Landfriedens, ungehorsam,

E 5   und

*) s. dies Repertor., Abtheil. V. S. 91., und Tab. VI.

und hält sich nur, ihrer eigenmächtig erdichteten Ordnung und Erklärung zu folgen, für schuldig; berührt die wolhergebrachte Verwandtniß und Unterthänigkeit ihrer Güter gegen die Kurfürsten und Fürsten ganz verkleinerlich — verwirft in Lehensachen die gemeinen Lehenrechte, und läßt sich träumen, dem Reiche andere aufdringen zu wollen — hat meistens unbefugte und ungegründete Klagen wider die Kurfürsten, Fürsten, und ihre, der Ritterschaft, Lehenherren, am kaiserlichen Hofe angebracht., —

Bei dem allen hält man nicht für rathsam, eine Klage über dieses „Nouum Genus Hominum„ bei dem Kaiser anzustellen —

Man verabredet übrigens, daß, wenn der Adel bei den Kurfürsten und Fürsten etwas suchen würde, keiner sich, ohne Vorwissen der übrigen, einlassen, und, daß man einander, erfoderlichen Falles, dieser Angelegenheit wegen Beistand leisten wolle V. 642—644.

1164 bor. Fruchtloses Religionsgespräch, zwischen den gelehrtesten kurpfälzischen, und wirtembergischen Theologen. Sie disputiren, ohne einig werden zu können, mehrere Tage nach einander, über die Frage: „Hat Christus seine Majestät schon im Leibe der Jungfrau Maria, da er durch den heiligen Geist empfangen worden, also schon auf dieser Welt, im Stande der Erniedrigung, oder erst nach seiner Himmelfahrt, angenommen?„ 646. 647. Hätte man die Absicht gehabt, die Zeit mit unnützem Gezänke hinzubringen, so war in der That ein sehr schickliches Mittel gewählet.

Maximilian,
König von Böhmen *), bezeugt über den Frank-
1558 furter Receß große Freude, und sagt unter andern
in

*) s. von ihm dies Repertor., Abtheil. V. S. 215.

Sechste Abtheil. 1558 bis 1564.

in einem Antworts Schreiben an den Herzog Christoph von Wirtemberg: „Dan es warlich der Hauptpunkt ist, ne inter nos dissentiamus, und man der gegenpartai kain grosseren awbruch thuen kan„ III. 489. 490.

sieht es nicht ungern, daß sein Vater, der Kaiser Ferdinand, mit dem übermüthigen und störrigen Papste Paull dem IV. in Streit geräth 529.

reizet dadurch, daß er sich einen evangelischen Hofprediger, den Johann Sebastian Pfauser, hält, 1560 den Kaiser zu großem Unwillen — gibt den päpstlichen Gesandten, die ihm der Religion wegen zusetzen und auf die Bedingung, daß er in der katholischen Lehre beharren würde, glänzende irdische Aussichten zeigen, zur Antwort; Die Seligkeit seiner Sele sei ihm lieber als Alles in der Welt, Jeder müsse sein Gewissen allen weltlichen Absichten vorziehen IV. 252. 253. s. auch VI. 91.

Unterhandlungen wegen der Erwählung Maximilian's zum römischen Könige IV. 469—635.

1562 Sept. 20 Er wird zum Könige von Böhmen gekrönet 626.
Nov. zum römischen Könige zu Frankfurt erwählet, gekrönet, und inthronisiret V. 1—57. 83—99. Vergleichung seiner Wahlkapitulation mit der Karolinschen und der Ferdinandschen 65—71.

1563 Krönung Maximilian's zum Könige von Ungarn 593.

Verhandlungen wegen der päpstlichen Bestätigung seiner Wahl zum römischen Könige und seiner Obedienzleistung an den römischen Stuhl — Maximilian schlägt die Obedienz standhaft ab, und der Papst sieht sich endlich genöthiget, dessen Erwählung zum römischen Könige dennoch zu bestätigen VI. 85—91.

Mecheln.

Mecheln.
Erzbischof:
Anton Perenot von Granvella, Kardinal.

Mecklenburg.
Herzoge: s. dies Repertor., Abtheil. V. S. 216.

Medicinus (Johann Angelus), eines ZollEinnehmers zu Mailand, der mit der berühmten Mediceischen Familie verwandt gewesen seyn soll, Sohn, erst Arzt, dann Doctor der Rechte, wird vom Papste Clemens dem VII. zum Protonotar, und von Paull dem III. zum Kriegszahlmeister bei den päpstlichen Hülfsvölkern in Ungarn und Teutschland zur Zeit des schmalkaldenschen Krieges, ernannt; gelangt zum (1549) Kardinalat, und führt unter Julius dem III. den Oberbefehl über die päpstliche Armee wider die Farnesen; muß während der Regierung Paull des IV., der ihn nicht leiden kann und bei jeder Veranlassung kränket, sich meistens zu Mailand aufhalten; wird, unter dem Namen: Pius der Vierte, in seinem 1559 61sten Jahre, Paull's Nachfolger im Pontifikate; Bis dahin ein menschenfreundlicher, sanftmüthiger, gutthätiger, uneigennütziger Mann — IV. 247. 248.

Megen
Graf von —:
Karl, Statthalter über Geldern und Zütphen IV. 264.

Meißen.
Die Verlegung der Residenz des meißenschen Bischofs von Stolpen nach Wurzen betreffend; s.: Sachsen.

Bischof:
Johann der IX., von Haugwitz III. 509—517.

Burg-

Sechste Abtheil. 1558 bis 1564.

Burggrafen:
Heinrich der V., † 1554. s. dies Repertorium, Abtheil. V. S. 219.

Heinrich der VI., der Aeltere, † 1568. III. 575. IV. 6. 240— 246. 450. V. 125. 128.

Heinrich der VII., der Jüngere, † 1572. III. 575. IV. 6. 240 — 246. 450. V. 125.

Melanchthon (Philipp) *
1558 bekommt, nebst dem Propste Brenz, den Auftrag, über die in der evangelischlutherischen Kirche streitigen Lehren von der Rechtfertigung, der Nothwendigkeit der guten Werke zur Seligkeit, dem heil. Abendmahle, und den Adiaphoren einen Aufsatz oder eine sogenannte Compositionsformel zu entwerfen. Beide große Theologen sind in ihren Meinungen hierüber durchaus einig; doch hat der melanchthonsche Aufsatz in dem Punkte vom Abendmahle den Vorzug einer größern Deutlichkeit vor dem brenzischen III. 460.

Melanchthon widerräth das Disputiren über den Frankfurter Receß 488.

hätte gern gesehen, daß die Acten des Wormser ReligionsGespräches nicht wären publiciret worden, welches gleichwol auf dem Reichstage zu
1559 Augsburg geschiehet IV. 13. 15.

Melanchthon zieht durch einige in seiner „Enarratio Epistolae Pauli ad Colossenses„ gebrauchte dunkele Ausdrücke sich den Verdacht zu, als ob er von der augsburgischen Confession abgegangen wäre — 300.

1560 Apr. 19 stirbt zu Wittenberg in seinem 64sten Jahre — Einer der größesten Männer, die Teutschland je hervorgebracht hat, das Orakel seiner Zeit, um dessen

* s. von ihm dies Repertor., Abtheil. V. S. 219. 220.

dessen Beifall Könige und Fürsten, Kardinäle und Minister, und alle ächte Gelehrten buhlten; von den Katholiken den Evangelischen herzlich gemißgönnet — an Kenntnissen über alle seine Gegner zusammengenommen unvergleichbar erhaben — bescheiden, sanft und freundlich im Umgange, Wohlthäter der Armen, bereitwilliger, ehrlicher, und thätiger Freund 295—297.
Vergl.: Flacius.

Melfi.
Fürst:
Andreas Doria IV. 187. 195.

Melita
Graf von —: Ruy Gomez de Silva III. 596.

Menius ( ); f.: Amsdorf.

Merseburg.
Bischöfe:
Michael III. 582. IV. 6. 63. 65. 414.
1561 stirbt zu Wien 414.
(† 1565) Alexander, Prinz von Sachsen 414.
Seit der Postulirung dieses Prinzen zum Administrator des Hochstiftes Merseburg ist dieses Bißthum bei den Kurfürsten zu Sachsen, oder doch bei Prinzen aus dem kursächsischen Hause geblieben, und für die Katholiken verloren gegangen, da es, wider den geistlichen Vorbehalt, nunmehr evangelische Bischöfe, oder eigentlich Administratoren des Hochstiftes, bekam 414. 415.

Metz.
1559 Bemühungen zur WiederErlangung der Bißthümer und Städte Metz, Tull, und Verdün, auch anderer vom Reich abgerissenen Stücke IV. 117—122.

Bischof:
..... Belcarius (vielleicht Beaucaire?) V. 296. 405. 462.

Minden.
Bischof:
Georg IV. 6.

Mindernau
Abt zu —:
Jakob ..... IV. 7.

Modena.
Bischof:
Aegidius Foscatarius V. 133. 550.
Herzoge; s.: Ferrara.

Möllen.
Versammlung:
1559 der Theologen der niedersächsischen Kirchen, die Magdeburger ausgenommen. Sie vergleichen sich hier wegen eines an ihre Obrigkeiten abzustattenden Bedenkens über den Frankfurter Receß, und führen in dieser Materie fast eben die Sprache, wie die Magdeburger — III. 476.

Mörlin (Dr. Maximilian),
Superintendent zu Braunschweig, ist der Verfasser der Schrift, welche die Schlüsse der zu Lüneburg versammelt gewesenen niedersächsischen Theologen enthält; erklärt, „er wolle lieber sich hunderterlei Tod anthun lassen, als, bem Lüneburgschen Mandate gehorchen; er halte dies Unternehmen der Fürsten für eine Räuberei und Ketzerei, da man der weltlichen Obrigkeit einräume, was Gottes und des heiligen PredigtAmtes sei„ — IV. 371. 375.

1561

Mörs
Graf von — s.: Nuenar.

Monte Falisco.
Bischof:
Karl Grassius V. 482.

Montfort und Rothenfels.
Graf:
Haug IV. 4. 73.

Mosul in Syrien.
Patriarch:
Abd Jsu V. 238.

Muglißius (Anton); s.: Prag.

Mühlingen
Graf zu —. s.: Barbi.

München.
Versammlung:
1562 Januar der landsbergischen Einigungsverwandten IV. 452.

Münster.
Dieses Hochstift wird vom Herzoge Erich dem Jüngern von BraunschweigCalenberg gebrand-1563.schaßet V. 599.
Bischof:
(dankt ab 1566, † 1574 *) Bernhard von Raesfeld.

Münzwesen.
ReichsMünzOrdnung, auf dem Reichstage zu 1.559 Augsburg verfasset, und auf Einen Tag mit dem Aug.19 Reichsabschiede datiret, die leßte, welche im teutschen Reiche ergangen ist: Das Verhältniß des Goldes zu Silber ist, wie 1 zu 11½. Von Reichs-Gulden, deren jeder 60 Kreuzer gilt, sollen auf die kölnsche Mark gehen 9½ Stück, und die sollen fein halten 14 Loth 16 Grän, wodurch die feine Mark ausgebracht wird um 10 Gulden dreizehntehalb und $\frac{1}{134}$ Kreuzer. Auf gleichen Fuß sollen die Halben — Sechstel — und ZwölftelGulden, oder 30, 10, und 5 Kreu-
zer-

---
*) So, nicht († 1566), muß es helfen in der Fünften Abtheil dieses Repertoriums, S. 232. Z. 16. auf dem Rande.

Sechste Abtheil. 1558 bis 1564.

zerStücke respective in 9, 57, und 114 Stücken gehalten werden. Aber die Drittehalb- und Zwei-Kreuzner, deren respective 24 und 30 Ellnen Gulden machen, sollen zu acht Loth fein und respective 124 und 155½ Stück auf die Mark ausgemünzet werden, wodurch die feine Mark respective zu 10 Gulden 20 Kreuzer und 10 Gulden 22 Kreuzer ausgebracht wird. Von Kreuzern sollen gehen auf die kölnsche Mark 243½ Stück, und fein halten sechs Loth vier Grän, daß also die feine Mark zu 10 Gulden 26½ Kreuzer ausgebracht wird.

In allen diesen SilberGeldSorten soll auf dem Avers des Kaisers und des Reichs zweiköpfiger Adler, und des Reichs Apfel in des Adlers Brust, und in demselben die Ziffer, wie viel Kreuzer das Stück gelte, gesetzt werden, mit der Umschrift: FERDINAND. IMP. AVG. P. F. DECRETO.; auf dem Revers soll das Wappen des Münzherrn mit seiner gewöhnlichen Umschrift und der Jahreszahl stehen. — Eine Bestimmung des ReichsMünzGepräges, welche die mehresten Reichsstände aus der Acht gelassen haben — Die vorstehenden „gemeinen Reichsmünzen„ sollen durchgehends im Reiche für „Wehrschaft„ ausgegeben und genommen werden. Was aber die kleinere oder ScheideMünze betrifft, so soll niemand gehalten seyn, solcher Münzen, die unter den FünfkreuzerStücken sind, über 25 Gulden in Bezalungen und für Wehrschaft anzunehmen.

Noch dürfen folgende MünzSorten gepräget werden: 1. ReichsGroschen, 21 = 60 Kreuzer, zu 8 Loth fein und 108½ Stück auf die Mark; 2. Wirtemberger, Wirzburger, und Badensche Schillinge, 28 = 1 Gulden, zu 8 lt. fein und 145 Stück auf die Mark; 3. Sundische Schil-

Schillinge oder Sechslinge, 48 = 1 Gulden, 187½ auf die Mark, und 6 lt. fein; 4. einfache Rappenvierer, 75 = 1 Gulden, 293½ auf die Mark, und 6 lt. fein; 5. Gröschlin, 84 = 1 Gulden, zu 5 lt. fein, und 274 Stück auf die Mark. Vorgeschriebenes Gepräge dieser fünf MünzSorten: A.: Der ReichsApfel, und, auf den drei größeren Sorten, die Umschrift um selbigen, wie auf der KreuzerMünze. R.: Das Wappen des Münzherrn, mit der Umschrift und Jahrszahl. Auf dem Reichsapfel steht die Ziffer, welche anzeigt, wie viel Stücke auf einen Gulden gehen.

Pfennige und Häller können, nach jeden Landes Art, gemünzt werden, doch nicht in zu großer Menge, und nach diesem Korn und Schroot: 1) Tirolische Pfennige oder EtschVierer, 300 = 1 Gulden, 518 Stück gehen auf die kölnsche Mark, und sollen an Feinem halten 2½ loth, welches aus der feinen Mark 11 Gulden 3 Kreuzer thut; 2) Lübische Pfennige, 288 = 1 Gulden, 654 von der Mark, sollen 3 lt. 6 Grän fein halten; 3) Fränkische Pfennige, 252 = 1 Gulden, 682 auf die Mark, und 4 lt. fein; 4) Oestreichsche Pfennige, 240 = 1 Gulden, fein 4 lt., und 649 auf die Mark; 5) Rheinische, Baiersche, und Schwäbische Pfennige, 210 = 1 Gulden, 636 auf die Mark, 4 lt. 9 Gr. fein; 6) SchwäbischHaller und Kostnizer Pfennige, 180 = 1 Gulden, 602 auf die Mark, halten fein 5 lt.; 7) Wirzburgsche, Wirtembergsche, und Badensche Pfennige, 168 = 1 Gulden, 562 auf die Mark, und 5 lt. fein; 8) RappenPfennige, 150 = 1 Gulden, 550 auf die Mark, halten fein 5 lt. 9 Gr.; 9) Strasburger Pfennige, 120 = 1 Gulden, 480 auf die Mark, halten fein 6 lt., also kommen aus der feinen Mark

Sechste Abtheil. 1558 bis 1564.

10 Gulden 40 Kreuzer; 10) Pommernsche und Mecklenburgsche Pfennige, 576 = 1 Gulden. Diese können zwar gemünzt werden, so, daß die feine Mark nicht über 11 Gulden 15 Kreuzer ausgebracht werde, gelten aber nur in Pommern und Mecklenburg.

Jeder Münzherr oder Stand darf Häller, nach seiner Landesart, münzen, nur müssen aus der feinen Mark Kölnisch nicht mehr als 11 Gulden 5 Kreuzer ausgebracht werden.

Kein Münzherr im Reiche teutscher Nation soll, außer den obigen Sorten, andere (Silber- und Scheide-) Münzen prägen, oder, statt irgend einer Bezalung, ausgehen lassen, bei Strafe von 50 Mark löthigen Goldes.

Die bisher im Gange gewesenen Thaler sollen 68 Kreuzer, und die seit dem Jahre 1551, nach der damals errichteten MünzOrdnung ausgeprägten ganzen ReichsGulden 72 Kreuzer, die halben aber 36 Kreuzer gelten, und sie sollen neben der neuen ReichsMünze genommen, künftig aber nicht mehr dergleichen Sorten geschlagen werden — — —

Die rheinischen und die ihnen am Gehalt entsprechenden Goldgülden bleiben in ihrem Werthe, so, daß 72 Stück schon ausbereitet eine kölnische Mark wiegen und 18 Karat 6 Grän, d. i. 12 Loth 6 Grän Fein halten sollen — Von Dukaten müssen 67 schon ausbereitete Stück eine kölnsche Mark wiegen und lauter Fein 23 Karat 8 Grän halten; in Bezalung sollen sie nicht höher als um 104 Kreuzer, wol aber geringer, ausgegeben und genommen werden — Gewisse, namhaft gemachte, inländische GoldMünzen, die den rheinischen Goldgülden ungemäß befunden worden, sollen noch sechs Monate nach der Publication des MünzEdicts ihren Cours haben, nach dem Ablaufe dieses Termins aber im Reiche gänzlich verboten seyn —

Fremdes Gold wird, nach Verlaufe der eben bemerkten Frist, verrufen, diejenigen, namentlich angeführten, Münzen ausgenommen, die ihr geordnetes Gewicht haben, nämlich an Dukaten 67, und an Kronen 70 Stück auf die kölnsche Mark, und gegen die verordnete ReichsDukaten und rheinische GoldGülden valviret sind. Auch diese Münzen soll, bei Strafe der Konfiskation, niemand über ihren valvirten, hier bestimmten, Werth nehmen und ausgeben —

In jedem Kreise sollen von den Münzgenossen zwei Probationstäge, wenn anders die Kreisstände nicht finden, daß Einer schon zureichend sei, jährlich gehalten, und auf selbigen soll nach Vorschrift der zu publicirenden MünzProbationsOrdnung verfahren werden —

Die „Ringerer, Beschneider, Schwächer, Wäscher, Schmelzer, Abgießer, Fälscher," ꝛc. der gerechten ReichsMünze sollen, den Umständen nach, an Leib, Leben, oder Gut bestrafet werden. Einem jedweden wird, bei Strafe von zwei Mark löthigen Goldes, auferlegt, alle wahrgenommenen Mißbräuche, Betrug und Verfälschung mit den Münzen der Obrigkeit anzuzeigen; und der Denunciant bekommt einen Theil der verwirkten Strafgelder —

Alles Ausführen und Verkaufen unvermünzten oder unverarbeiteten Goldes oder Silbers, auch silberner Geschirre — es sei denn, daß sie übergulbet wären — ingleichen der ReichsDukaten und rheinischen Goldgulden, aus dem Reiche teutscher Nation in fremde Länder, auch in die Niederlande, bis diese die MünzOrdnung angenommen haben,

wird

Sechste Abtheil. 1558 bis 1564.

wird auf das ernstlichste, unter Strafe an Leib und Gut, verboten —

Auf das „Granuliren, Körnen, Seigern, und andere dergleichen betrügliche und vortheilige Handlung und Fälschung aller alten und neuen guten Münze„ wird die Strafe des Feuers gesetzt —

Jeder Münzherr oder Stand soll, auf seine eigene Kosten und Verlag, mit Gold, Silber, und allem übrigen die „Münze verlegen, und seine Münzen, ohne alle Gefährde, aufrichtig halten„ —

Derjenige Münzherr, welcher diese Ordnung nicht befolgt, verwirket seine Münzgerechtigkeit —

Auch diese MünzOrdnung findet gleich anfangs großen Widerspruch; viele Stände wollen sich solche nicht gefallen lassen, besonders deswegen, weil in ihr die ThalerMünze gänzlich ausgeschlossen war IV. 79—98. s. auch VII. 548.

1559 Aug. 20 MünzProbationsOrdnung — IV. 99—111.

1560 Bemühungen, die neuesten im ReichsMünzwesen gemachten Verordnungen zur Vollziehung zu bringen — 289—292.

1560 Erste Spuren von der, nachmals durch die Reichsgesetze eingeführten, Korrespondenz im Münzwesen 291. 292.

1561. 1562. 1563 MünzProbationstäge im fränkischen Kreise 416. 417. 453. 454. V. 595.

1563 Deputation zu Augsburg, wegen der Vollziehung der neuesten ReichsMünzOrdnung V. 596.

1564 Münztag zu Nördlingen 653—658.

1564 Kaiserliches Mandat, die ReichsMünzOrdnung zu beobachten 659.

Munderkingen.

Versammlungen:

1559 Jan. 25 der schwäbischen Reichsritterschaft; wegen der von einigen Fürsten und Ständen ihr zugefügten Bedrückungen IV. 163.

F 3 eben

1560
Aug. 7, eben derselben, aus gleichem Grunde — Jetzt kommt eine Verbindung des Adels in Schwaben, oder sogenannte Ritterordnung zum Stande, welche nicht gar lange nachher vom Kaiser bestätiget 1561 wird 165. 448.

Murbach und Lüders.

Diese beiden BenedictinerAbteien werden auf im-
1558. mer mit einander vereiniget III. 582.
1560

Abt:
Johann Rudolf Stoer III. 582. IV. 6. 194.

Mussus (Cornel.); s.: Bitonto.

NachEile (Allgemeine); s.: Landfrieden.

Nassau.

Sechste Abtheil. 1558 bis 1564.   87

Nassau.
Grafen:
Walramschen Stammes:

Ludewig, †1523. Gem.: Maria, Gräfin von Nassau-Wiesbaden, †1548.

Philipp der III., †1559. Gem.: a) Elisabet, Gräfin zu Sayn, †1531. b)1536 Anna, Gräfin von Mansfeld, †1537. c)1541 Amalia, Gräfin zu Isenburg-Büdingen, †1579.

Anna, †1564. Gem.: 1522 Johann, Graf zu Nassau-Beilstein, †1561.

Ludewig, geboren und als Kind †1507.

Elisabet, Nonne zu Diessenthal, †jung.

Johann, †1510.

a) Ludewig, †jung.

a) Philipp. †jung.

a) M. M. Tochter.

a) M. M. Tochter.

b) Albrecht, †1593.

c) Philipp der IV., †1602.

c) Ottilia, †..... Gem.: 1567 Otto, Wildgraf zu Daun und Kirchberg, †......

c) Anna, †1598. Gem.: 1588 Friederich, Wildgraf zu Daun und Kirchberg, †......

Uebrigens s. dies Repertor., Abtheil. IV. S. 107, und Abtheil. V. Tab. V.

Naumburg.

Versammlung:

1561 Jänner und Febr. Convent der evangelischen Kurfürsten, vieler Fürsten, und Grafen, oder ihrer Gesandten, auch einiger Freiherren; der Religionsangelegenheit wegen. Resultat der auf demselben gepflogenen Berathschlagungen: 1) Die, nach den Ausgaben vom Jahre 1531 revidirte und collationirte, mit einer neuen Vorrede versehene, Augsburgische Confession wird unterschrieben und untersiegelt. Ihr ist dieser merkwürdige Schluß angehänget: „Die versammelten Kurfürsten und Fürsten wollen hiemit dem Kaiser die von neuem unterschriebene und besiegelte Augsburgische Confession übergeben, und bitten, den bisherigen Verunglimpfungen nicht Gehör zu geben, sondern sie bei dem Passauischen Vertrage und dem Augsburgischen Religionsfrieden zu handhaben, und nicht zu gestatten, daß, unter dem Schein eines angemaßten Conciliums, oder in andere Wege, jenen zuwider etwas Beschwerliches gegen sie vorgenommen werde. Dagegen wollen sie in allen weltlichen Sachen, die zu gemeiner Wolfahrt des Reichs dienen, sich gegen den Kaiser in aller Unterthänigkeit und Demuth, auch gegen ihre mitverwandte Kurfürsten, Fürsten, und Stände des Reichs freundlich und gutwillig erzeigen. Besonders versprechen sie, auch ihrer Seits den Religions- und ProfanFrieden unverbrüchlich zu halten, und sich in allem und jedem, was mit Gott und gutem Gewissen geschehen kann, so zu erzeigen, wie es zu gemeiner Wolfahrt, Aufnehmen und Gedeien des Vaterlandes, auch Friedens, Ruhe und Einigkeit im Reiche dienlich seyn möge.„ 2) Die Entscheidung der Frage: Ist das zu reaßsumirende Tridentische Concilium zu beschicken, oder nicht? wird bis auf eine andere Konferenz ausgesetzt.

setzt. 3) Für die Hugenotten in Frankreich wird ein IntercessionsSchreiben beschlossen und abgeschickt, und der König Anton von Navarra wird in einem zu gleicher Zeit ausgefertigten Schreiben zur Beständigkeit in der Religion ermahnet — 4) Der Frankfurter Receß vom Jahre 1558 wird bestätiget, mit dem Erbieten, „wegen desselben, und der repetirten Augsburgischen Confession, auch der, ihr vorgesetzten, neuen Vorrede, auf Begehren, weitere christliche und nothdürftige Ausführung thun zu lassen„ — Diesen Convent zu Naumburg haben der Kaiser und der Papst beschickt. Die päpstlichen Nuncien erhalten auf ihren Vortrag eine sehr harte und bittere Antwort, auf welche sie in gemäßigtem, doch ihre, wol nicht tadelnswerthe, Empfindlichkeit ausdrückendem Tone repliciren — IV. 319—361.

Vergl. übrigens: Chyträus; Erfurt; Jena; Johann Friederich der Mittlere; Lüneburg; Mörlin.

Bischof:
Julius von Pflug III. 510. 579. IV. 4. 139. 192. VI. 67. 69. 70.

Navarra.
Königin: s. dies Repertorium, Abtheil. V. S. 238.

Niederlande.
Unumschränkt über die Niederlande zu herrschen, und, um das zu können, die sogenannte Ketzerei in ihnen zu vertilgen, ist das, ihm glänzende und des äußersten Bestrebens würdige, Ziel, auf welches der König Philipp hin arbeitet. Um es zu erreichen, trifft er, auf des Herzogs von Alba und Anton's von Granvella Anrathen, vor seiner Abreise nach Spanien, diese, an sich schon nicht unter-

unerhebliche, besonders aber ihrer Folgen wegen höchst merkwürdige, Einrichtungen: Er ersucht 1558 den Papst um die Errichtung neuer Erzbißthümer und Bißthümer in den Niederlanden, und um das Recht der Ernennung zu diesen neuen Stiftern, für sich und seine Nachfolger, weil er sie dotire. 1559 Paull der IV. bewilliget Beides, stirbt aber, ohne die Sache zur völligen Ausführung gebracht zu se (1561) hen, welche doch bald nachher, unter seinem Nachfolger Pius, zum Stande kommt. Bisher hatten die Niederlande vier Bißthümer, nämlich zu Cambrai, Utrecht, Arras, und Dornick, von welchen das zu Utrecht unter das Erzstift Köln gehörte, und die drei übrigen unter dem Erzbißthume Rheims standen. Jetzt kamen vierzehn neue Stifter hinzu, welche zu Mecheln, Antwerpen, Harlem, Deventer, Leeuwarden, Groningen, Middelburg, Herzogenbusch, Ruermonde, Namur, S. Omer, Npern, 1559. Gent, und Brügge errichtet wurden. Von (1560) den nunmehrigen achtzehn Bißthümern werden Cambrai, nachdem es von der Jurisdiction und Provinz des Erzbischofs von Rheims eximiret und dem päpstlichen Stuhl unmittelbar unterworfen worden, Mecheln, und Utrecht zu Erzbißthümern (1560. erhoben, und Mecheln wird zugleich zum Primat 1561) oder ersten erzbischöflichen Stuhle in den gesammten Niederlanden erkläret —

Was die Regierung dieser Länder betrifft, so macht der König Philipp folgende Verfügung: Er ernennet seine natürliche Schwester, die Herzogin 1559 Margareta von Parma, zur Oberstatthalterin, und ordnet ihr die, schon seit der Regierung Karl des V. vorhandene, drei Collegien: den Staatsrath, den geheimen Rath, und den Finanzenrath, zu. Vor den Staatsrath gehörten die

Kriegs

Sechste Abtheil. 1558 bis 1564.

Kriegs- und Friedens Angelegenheiten, mit Allem, was die Beschützung und Sicherheit des Landes anging. Der geheime Rath beschäfftigte sich mit Gnadensachen, und führte die Aufsicht über die Gesetze und die bürgerliche Verfassung des Landes; und dem Finanzenrathe war die Verwaltung der herrschaftlichen Kammergüter und Einkünfte anvertrauet.

Die besonderen Landschaften oder Provinzen, Brabant, als den Sitz der Oberstatthalterin, ausgenommen, bekommen Statthalter, denen, jedem in seinem Landstriche, nicht nur der Befehl über die Truppen, sondern auch die Verwaltung der bürgerlichen Regierung, und, nebst den Gerichtshöfen, die Aufsicht über das Gerichtswesen übergeben wird, doch mit Ausnahme von Flandern; hier nämlich hatten die Statthalter in Rechtssachen nichts zu sagen —

Die Oberstatthalterin bekommt die Macht, die Berathschlagungen in der gewöhnlichen Versammlung des Staatsraths zu unterlassen, und allein für sich selbst, nach vorgängigem Gutachten des Bischofs von Arras, nachherigen Kardinal-Erzbischofs von Mecheln, Anton Perenott von Granvella, des Präsidenten des geheimen Raths, Viglius von Zuichem von Antta, und des Präsidenten des Finanzenraths, Freiherrn Karl von Barlaimont, einen Schluß zu fassen — Außer den Nationaltruppen bleiben drei bis viertausend Spanier auf den Gränzen in Besatzung. Da nun die Nationaltruppen bezalt und verabschiedet, die Spanier aber, damit sie nicht so leicht abgedankt werden könnten, vorsätzlich unbezalt gelassen werden; so raubt und plündert diese fremde Miliz auf dem Lande, und selbst in einigen Städten. Hierüber entsteht allgemeines Mißvergnügen und Murren

ten unter dem Volke. Der König hält den Prinzen Wilhelm von Oranien für den vornehmsten Urheber dieser Unzufriedenheitsäußerungen, darf aber seine Empfindlichkeit darüber noch nicht zum Ausbruche kommen lassen — Aus der, bei seinem Abschiednehmen von den Ständen in seinem Namen gehaltenen, Rede erhellete, daß er nicht gesonnen sei, die Verordnungen wider die Ketzer ruhen zu lassen. Daher überreichen ihm die gesammten niederländischen Stände eine Vorstellung, die ihn überzeugen konnte, daß man die Mittel, durch welche er das Geltenmachen dieser Verordnungen zu erleichtern dachte, abzuschneiden suche. Man protestiret nämlich wider den Aufenthalt des fremden Kriegsvolks im Lande, und wider das Anstellen von Ausländern bei der Regierung. Philipp antwortet, das letztere sei nicht geschehen, und die Spanier sollten längstens nach vier Monaten ausmarschiren. Gleichwol verlaufen über fünf Vierteljahre, bis man dieser unwillkommenen Gäste los
1559 wird — Philipp segelt indeß nach Spanien ab —

Die vorerzählte Veränderung der bisherigen Hierarchie in den Niederlanden erzeugt fast allgemeines Mißvergnügen. Besonders schreien die
1560. Inhaber der alten Bißthümer, und die Klöster;
1561 und das mit allem Rechte. Jenen war ein großer Theil ihrer geistlichen Gerichtsbarkeit entzogen, diese litten an ihren Einkünften; und über das sehen die Aebte scheel dazu, daß nun die Anzal der Stände auf den Provinzialversammlungen oder Landtägen vermehret wird —

Der gemeine Mann fängt an, zu fürchten, daß so viele Bischöfe die Inquisition leichter wiederum einführen und die strengen Befehle wider die Ketzer vollstrecken können — Gleichwol findet, trotz aller Verfolgung, die Reformation immer mehrere Anhän-

Sechste Abtheil. 1558 bis 1564.

Anhänger, zu deren Bestem es sogar hie und da
zu Empörungen kommt — Vorboten jener ernst-
hafteren Auftritte, die nachher einen ganz neuen
Staat in Europa geschaffen haben IV. 262 — 281.
Vergl.: Granvella; Sonnius; Wilhelm
der I.

Nördlingen.
Versammlung:

1564 April. Münztag, auf welchem unter andern beschlossen
wird, daß die Stände der drei Kreise Franken,
Baiern, und Schwaben, die MünzOrdnung vom
Jahre 1559 genau befolgen wollen V. 653 — 658.

Nola.
Bischof von —:
..... Scarampo V. 194.

Nordorp bei Bordesholm.
Versammlung:

1559 Zusammenkunft der drei holsteinschleswigschen Fürsten, wegen des wider die Ditmarsen beschlossenen
Krieges IV. 211.

Norwegen.
Könige; s. oben: Dänemark.

Nuenar und Mörs
Graf von —:
Hermann IV. 295. 635.

Nürnberg.
Versammlungen:

1560 Januar und März. Zwei Kreistäge des fränkischen Kreises, auf welchen
unter andern auch Verschiedenes in Betreff des
Münzwesens beschlossen wird IV. 290.

1560 Sept. MünzProbationstag 290. 291.

1563 Mai. MünzProbationstag, wegen der eingeschlichenen
geringhaltigen MünzSorten V. 595.

Obedienz.

Obedienz.

Der an den Papst Pius den IV. abgeschickte kaiserliche Gesandte, Graf Scipio von Arco, hat Befehl, nicht, Namens seines Herrn, dem Papste eine Obedienz zu leisten, sondern nur, ihm *Obseruantiam filialem* zu bezeugen. Der Papst aber will ihn nicht zur öffentlichen Audienz lassen, als unter der Bedingung, daß er, in des Kaisers Namen, ihm und dem päpstlichen Stuhle Gehorsam, Obedientiam, verspreche. Auf das Zureden des Kardinals Moronus und des Freiherrn Gregor Madruzze, welche, vom Kaiser eine Mitvollmacht zu haben, vorgeben, und auf ihr Versprechen, die Sache bei dem Kaiser zu verantworten, bequemt 1560 der Gesandte sich zu einer förmlichen und feierlichen ObedienzLeistung; ein Schritt, der vom Kaiser gemißbilliget wird — IV. 250. 251. s. auch VI. 88.

Obernitz (Hans Veit von);
s.: Kammergericht.

Oberstein
Graf zum — s.: Falkenstein.

Ochsenhausen
Abt zu — s.: Weingarten.

Oesel.

Der König Christian der III von Dänemark han-
1558 delt mit dem öselschen Bischofe Johann von Münchhausen um die Wyck (Wiek) und Oesel für seinen zweiten Prinzen, den Herzog Magnus, bringt aber den Kauf nicht zum Stande. Der König Friederich der II treibt die Sache ernstlicher und kauft dem Bischofe von Oesel sein Bißthum wirklich ab für 30000 Thaler, mit welchem Gelde Münchhausen sich nach Teutschland zu den Seinigen begibt. Das Domkapitel, die Räthe, und die Ritterschaft

Sechste Abtheil. 1558 bis 1564.

terschaft des Stifts Oesel, denen dänischer Schutz versprochen war, nehmen mit Freuden den Herzog
1560 Magnus zu ihrem Bischofe an IV. 426.

Oestreich.

Der Kaiser befiehlt durch ein in seine Erbländer
1562 erlassenes Edict, daß die Landherren ihre Prediger, deren viele evangelisch waren, abschaffen, und keine neue, ohne Bewilligung und Schein der Ordinarien, annehmen sollen V. 188.

Uebrigens vergl.: Religions = und Kirchen= Sachen; Wien.

Erzherzoge zu — auch König in Spanien: s. dies Repertor., Abtheil. V. Tab. VI.

Oettingen.

Grafen: s. dies Repertor., Abtheil. V. Tab. VII.

Olevianus (Kaspar); s.: Trier.

Oranien; s.: Cambresis.

Prinz von — s.: dies Repertor., Abtheil. V. Tab. V.

Orleans.

Bischof:
Jean de Morvillers III. 596.

Ottenburg.

In dieser erbfreien, in Baiern gelegenen, Reichs= grafschaft wird die evangelische Religion, so, wie sie in der augsburgischen Confession und derselben Apologie enthalten ist, durch den Grafen Joachim
1563 eingeführet V. 605.

Vergl.: Worms.

Grafen:
Karl, † 1552.
Leonhard, † 1561. IV. 5.

Uebrigens s. dies Repertor., Abtheil. V. S. 256.

Osnabrück.
Bischof:
(† 1574) Johann der IV., Graf von Hoja.

Ostfrießland.
Graf:
Johann, Statthalter über Limburg IV. 264.

Pacinius (Salvat.); f.: **Chiusi**.

Paderborn.
Bischof:
(† 1568) Rembert .....

Padis
letzter Abt zu —:
Georg ..... IV. 423.

Päpste.

Der Stuhl zu Rom erkläret Karl des V. Niederlegung der Kaiserwürde und Uebertragung derselben 1558 an Ferdinand den I. für ungültig, „weil man dabei das Ansehen des heiligen Stuhls zu Rom und des Statthalters Christi, dem die Schlüssel des himmlischen und irdischen Reichs anvertrauet wären, aus den Augen gesetzt„, also ein Erforderniß unterlassen habe, „ohne welches nicht gesagt werden könne, daß der Kaiser Karl rechtmäßiger Weise das Reich übergeben, und Ferdinand dasselbe ordentlich angenommen habe.„ Eine lächerliche Anmaßung, zumal, da man, sie gelten zu machen, nicht vermögend ist — Nie war ein günstigerer Zeitpunkt, die päpstliche Macht zu demüthigen, als jetzt, bei Gelegenheit der, über diesen Unfug des römischen Hofes, zwischen dem Kaiser Ferdinand und dem Papste Paull dem IV. entstandenen Händel. Ferdinand hatte mit allen Nachbaren, die Türken ausgenommen, Frieden, das teutsche Reich war beruhiget und die mehresten Stände desselben waren dem

Sechste Abtheil. 1558 bis 1564.

dem Kaiser sehr ergeben. Der Papst dagegen konnte nirgends Beistand erwarten; in Italien selbst hatte er wenige Freunde; die nordischen Königreiche waren protestantisch; der König Siegmund August von Polen dachte gut evangelisch, und fast sein ganzes Reich, die Bischöfe ausgenommen, hassete das Papstthum; in England hatte die ganz antipapistische Elisabet vor Kurzem den Thron bestiegen; Portugal lag zu entfernt; Frankreich war mit Hugenotten angefüllet, und mit Spanien in schweren Krieg verwickelt; auch auf diese letztere Krone konnte nicht mit Zuverlässigkeit gerechnet werden, da der Papst ganz neuerlich ihr Ursache zum Unwillen gegeben hatte — Wahrlich ein Zusammenfluß sehr vortheilhafter Umstände, um dem Altare des Götzen zu Rom manches fette Opfer zu entziehen! Man benutzt aber den glücklichen Augenblick nicht — III. 518—558.

Folge der Päpste:
†1559 Paullus der Vierte.
(† 1565) Pius der Vierte.

Papoul (S.) in Languedoc.
Bischof zu —:
Anton Maria Salviati V. 295.

Paris.
Versammlung:
1561 Jul. der französischen Bischöfe; wegen des tridentischen Conciliums IV. 401.

Bischof:
Eustach du Bellai V. 164. 184. 233. 265. 273.

Passau.
Bischöfe:
†1561 Wolfgang der II., von Klosen.
(†1598) Urban von Trenbach.

Patti in Sizilien.
Bischof:
..... Sebastiani V. 288.

Paullus der IV.,

Papst *), untersteht sich, die Vollmacht, welche Karl der V. seinen nach Frankfurt geschickten Gesandten in Betreff der Niederlegung der Kaiserwürde ertheilet hatte, für ungültig zu erklären, „weil Karl nicht mehr bei Verstande gewesen wäre„, und will Ferdinand den I. nicht für einen römischen
1558 Kaiser erkennen — ein ohnmächtiges Sträuben, das zu nichts weiter dienet, als, den stolzen, eigensinnigen Hierarchen in seiner ganzen Blöße darzustellen (s.: Seld) — III. 518—553. IV. 247.
1559 stirbt. Sein Andenken wird vom römischen Volke gebrandmarket — IV. 247.

Pernau.
Versammlung:
1560 Landtag, auf welchem der Herrnmeister Gotthard Kettler mit dem Herzoge Magnus von Holstein, unter der Vermittelung des Erzbischofs von Riga und seines Koadjutors, diesen Vertrag eingeht: Der Herzog Magnus kann das Stift Reval einnehmen. Der Herrnmeister soll seine in die Häuser der Domherren gelegte Soldaten, sobald sie bezalt sind, wegschaffen, und die Abtei Padis, binnen Monatsfrist, einräumen, auch das Weggebrachte erstatten; die beiderseitigen Injurien aber sollen bei dem H. R. Reiche eingeklagt und abgeurthelt werden. Die SoldReiter, welche in des Herzogs Magnus Schutz sich begeben haben, sollen nicht gehegt, und der Vogt von Sonneburg soll, auf vorgängiges Anfodern, von dem Herzoge Magnus

tods

---
*) s. dies Repertor., Abtheil. V. S. 264.

Sechste Abtheil. 1558 bis 1564.

todt oder lebendig ausgeliefert werden *). Die weggenommenen Häuser des Herrnmeisters werden zurückgegeben. Dieser aber erstattet die von dem alten Ordensmeister Fürstenberg angehaltene Schute mit Lebensmitteln, und gibt das dem Domherrn von Walde zu Vellyn und Torbs Weggenommene heraus. Die beiderseitigen Truppen sollen sich der Schmähworte und Beleidigungen enthalten. Alle Gefangenen werden in Freiheit gesetzt IV. 427.

Pesaro.
Bischof:
Ludewig Simonetta, Kardinal IV. 399. 400.

Pest (Die)
1563 wütet durch ganz Teutschland V. 594.

Petershausen
Abt zu —:
Christoph ..... IV. 7.

Pfalz.
In den kurpfälzischen Landen gewinnet die sogenannte reformirte Religion allmälig die Oberhand. 1561 Darüber schreien die, sich orthodox dünkenden, lutherischen Theologen. Folglich steigt, zu großer Freude der Katholiken, die gegenseitige Erbitterung der beiden evangelischen Religionsparteien in Teutschland immer höher; und die von dem naumburgschen Congreß und Abschiede gehoffte Wirkung wird gutentheils vereitelt — IV. 369. 370. f. auch V. 602.

Theilungs Receß, zwischen dem Pfalzgrafen Wolfgang zu Zweibrücken und Neuburg, und seinem Vetter, dem Pfalzgrafen Georg Johann zu Vel-

---

*) Heinrich von Lüdinghausen, Ordensvogt zu Sonneburg, hatte dieses Schloß freiwillig dem Herzoge Magnus übergeben.

Weldenz, über die Hälfte der hintern Grafschaft Sponheim, die Herrschaft Lützelstein im Sundgau, und den ehemaligen kurpfälzischen Antheil an der Guttenberger Gemeinschaft, an Alsenz, und dem WeinZehenten zu Weißenburg und Kleeburg, welche Länder und Güter die beiden jetzt genannten Pfalzgrafen bisher gemeinschaftlich besessen hatten, zu Zweibrücken

¹⁵⁶⁴ Jan. 6 errichtet VIII. 47.

Pfalzgrafen und Kurfürsten:
s. dies Repertor., Abtheil. V. Tab. VIII.

Pfauser (Joh. Sebast.);
s.: Maximilian, König von Böhmen.

Philadelphia
TitularBischof von —:
Leonhard Haller, WeihBischof zu Eichstädt V. 208. 222. 228. 373.

Philipp der Großmüthige,
1562 Landgraf zu Hessen *), macht sein Testament **) IV. 453.

Picht (Dieterich von); s.: Grumbach.

Pius der IV.,
1559 Papst, vorher Johann Angelus Medicinus, legt, nach seiner Gelangung zum heil. Stuhle, den edlen Charakter, den er bis dahin besaß, wenigstens äußerte, ganz ab — vernichtet fast alle Handlungen seiner Vorgänger, und errichtet einen neuen Staatsrath für die öffentlichen Angelegenheiten;
muß,

*) s. von ihm dies Repertor., Abtheil. V. S. 267—270.

**) Den Inhalt dieses merkwürdigen Testamentes hat der sel. Häberlin erst bei der Nachricht von dem Tode des Landgrafen mitgetheilet; man wird ihn also in der nächst künftigen siebenten Abtheilung dieses Repertoriums finden.

1560 muß, so ungern er will, ein Concilium ausschreiben *), bringt es aber doch, politischklug, dahin, daß es nur zu einer Reassumirung des tridentischen kommt IV. 247—249. 251—261. 377. V. 132. ist über den Ausgang dieser Kirchenversammlung 1563 sehr erfreuet, zaubert gleichwol, durch seine Hofbedienten in Furcht gesetzt, mit der Bestätigung der Schlüsse des Conciliums; ertheilet solche doch 1564 hernach ohne Ausnahme, befiehlt, daß niemand über dasselbe Kommentarien, Anmerkungen ꝛc. schreiben, und, daß die Verbindlichkeit der tridentischen Dekrete mit dem 1. Mai 1564 anfangen solle V. 572—583.

1564 verstattet den Laien verschiedener teutschen Provinzen den Kelch im heil. Abendmahle VI. 68.

Vergl. übrigens: Buoncompagno.

*) Das an den Herzog Heinrich den Jüngern zu Braunschweigwolfenbüttel, wegen der Beschickung des tridentischen Conciliums, erlassene Breve, welches ich im Originale vor mir habe, lautet so: „ :· PIVS. PP. IIII.: ‹«

„Dilecte fili nobilis Vir salutem, et apostolicam benedictionem. Vehementer pro commisso nobis officio cupientes, commotas iam pridem dissensiones de religione tollere, et Christiano nomini suam pristinam unitatem, et concordiam diuina opitulante gratia reddere: atque omnium saluti paterna Charitate consulere, harum rerum causa, de Ven.lium fratrum nostrorum consilio, et assensu, sacrum oecumenicum, et generale Concilium in Ciuitate Tridentina celebrandum indiximus: Sicut nobilitas tua cognoscet ex literarum exemplo, quas super eius indictione, ut in omnium notitiam perferantur, edidimus. Quam ob rem etsi Nobilitatem tuam pro tuo spectato in catholicam fidem studio, et constanti erga matrem Ecclesiam pietate,

Plaſſenburg bei Kulmbach
wird wieder aufgebauet III. 577.
Vergl. dies **Repertorium**, Abtheil. V.
S. 273.

Poiſſy

Verſammlung:

1561 Berühmtes Religionsgeſpräch zwiſchen einigen katholiſchen und proteſtantiſchen Theologen, über die ſtreitigen Artikel IV. 401.

Polen.

König: ſ. dies **Repertorium**, Abtheil. V.
S. 273.

Polis

ad hanc tam piam, et salutarem actionem adiuuandam paratissimam fore scimus: tamen nostris etiam literis eam hortandam duximus, et rogandam: ut quemadmodum Catholicum Principem, et isto genere ortum decet: uelis oratores tuos cum mandatis, ut mos est, tuo nomine Concilio interfuturos, ad praestitutam in literis nostris diem mittere: ut tuo, ac caeterorum Principum studio atque auxilio Concilium ad optatum horum consiliorum effectum facilius possit peruenire. Hac autem eadem de re commodius coram tecum aget Ven.lis frater Ioannes Franciscus Episcopus Zacynthius Nuncius noster spectatae probitatis et fidei: Cuius orationi Nobilitatem tuam, fidem ut habeat, rogamus. Dat. Romae apud sanctum Petrum sub Annulo Piscatoris Die primo Decembris M D. LX.
      s   i
     Pontf   Nri   Anno
Primo.: „"
   „": Ant. Florebellus Lauellinus: „"

     Aufſchrift:
   „:. Dilecto filio nobili Viro Henrico Duci Brunsuuicensi·:„"

Polizeiwesen.

1559 Auf dem Reichstage zu Augsburg werden unterschiedliche wider die Handwerks Mißbräuche ergangene Verordnungen erneuert und bestätiget. Unter andern wird befohlen, daß keine „Strafen von Meistersöhnen und Gesellen, bei geschenkten oder nicht geschenkten Handwerken„, Statt finden sollen. Keiner soll den andern weder schmähen, noch auf- und umtreiben, noch unredlich machen „. Würde dennoch einer geschmähet, so soll solcher keinesweges ausgeschlossen, sondern bei seinem Handwerke gelassen werden, und die übrigen Gesellen sollen mit und neben ihm so lange arbeiten, bis die gegen ihn angezogene Injurie und Schmach gebürlich vor der ordentlichen Obrigkeit erörtert worden. Diejenigen Meistersöhne und Gesellen, welche das Erkenntniß der Obrigkeit nicht annehmen, sollen im teutschen Reiche ferner nicht zum Arbeiten zugelassen, sondern ausgetrieben und weggeschafft werden —

Durch einen Schluß eben dieser Reichsversammlung wird das in Betreff der Ausfuhr der Wolle, dem augsburger Reichsabschiede vom Jahr 1555 gemäß erlassene kaiserliche Mandat, nebst den in anderen Ordnungen derhalb gemachten Verfügungen, aufgehoben — IV. 112—114.

Pommern.
Herzoge:
Philipp der I., † 1560.

- **Zu Stettin:** Georg der II., † 1544; Johann Friederich, der Stärk[ste], † 1600.
- **Zu Bart:** Bugißlaw der XIII., Ludewig, der Frömmste, † 1606.
- **Zu Wolgast:** Ernst Ludewig, der Schönste, † 1592.
- Kennilia, † 1580.
- **Zu Rügenwalde:** Barnim der XII., der Knappste, † 1603.
- Erich, † 1551.
- Philipp, † als Kind.
- Margareta, † 1581. Gem.: 1574 Franz 1588 Ulsrich, Herzog zu Sachsen Lauenburg, † 1619.
- Anna, † 1626. Gem.: der II., Herzog zu Meclenburg, † 1603.
- **Zu Camin:** Kasimir, der IX., der Geschickte, † 1605.

Uebrigens s. das Repertor., Abtheil. V. S. 277.

Sechste Abtheil. 1558 bis 1564.

Postmeister Amt (Das General-) betreffend; f.: Taxis.

Prag.
Erzbischof:
Anton Muglitzius, erster kaiserlicher Botschafter auf der Kirchenversammlung zu Trident V. 136. 141. 144. 148. 163. 190. 196. 197. 219. 234. 251. 294. 301. 326. 388. 415. 432. 434. 438. 453—456. 473. 550. VI. 71.

Premisl.
Bischof:
Valentin Herbutus, königlich polnischer Gesandter auf dem Concilium zu Trident V. 261.

Preßburg.
Versammlung:
1563 Ungarischer Reichstag, auf welchem es sehr unruhig zugeht V. 593.

Preußen.
1559 Bei der Reichsversammlung zu Augsburg hält der König Siegmund August von Polen um die Aufhebung des Pönal Mandats wider die preußischen Städte an; und der Herzog Albrecht von Preußen bittet um die Lossprechung von der wider ihn erkannten Acht *), und um die Belehnung mit den erledigt gewordenen Ländern des Markgrafen Albrecht von Brandenburg-Kulmbach, die kaiserliche Resolution fällt aber nicht nach Wunsch aus — IV. 148. 149.

Herzog: f. dies Repertor., Abtheil. V. Tab. I., und S. 278.

Prüm und Stablo.
Abt:
Christoph, Graf von Manderscheid und Blankenheim IV. 7.

---
*) f. dies Repertor., Abtheil. V. S. 11.

Quedlinburg.
Aebtissin:
Anna, Gräfin zu Stolberg IV. 7. V. 129.

Ragazzone (Hieronymus); s. Bergamo.

Ragusa.
Erzbischof:
..... Beccatelli V. 147.

Regensburg.
Versammlung:
Jan. 10 / 1564 der Stände des baierschen Kreises; wegen der MünzOrdnung und der Exekution des Landfriedens *Acta MSS.* den ReichsDeputationstag zu Worms im J. 1564 betr.; besonders die Ortenburgische Supplikation wider Baiern.

Bischöfe:
†1563 Georg, ReichsErbMarschall von Pappenheim.
(†1567) Vitus von Fraunberg.

Reggio.
Erzbischof:
Kaspar von Fosso V. 135.

ReichsDeputationen.
Was in der ExekutionsOrdnung wegen der ordentlichen ReichsDeputation bei entstandenen Empörungen ꝛc. in Ansehung der zu den ordentlichen ReichsDeputationstägen zu erfodernden Fürsten und Stände verordnet war, wird durch den augs-
1559 burgischen Reichsabschied so abgeändert, daß zu den erwähnten Versammlungen erfoderlich seyn sollen, außer den Kurfürsten, ein Erzherzog zu Oestreich, der Bischof zu Wirzburg, der Bischof zu Münster, der Herzog in Baiern, der Herzog zu Jülich, und der Landgraf zu Hessen wegen der Fürsten; der Abt zu Weingarten wegen der Prälaten; der Graf zu Fürstenberg wegen der Grafen; die Städte Köln

Köln und Nürnberg wegen der Frei- und Reichs-
Städte IV. 61. 62.
Vergl. dies Repertor., Abtheil. V. S. 183.

Reichshofrath.

ReichshofrathsOrdnung, durch welche der Reichshofrath diejenige autorisirte Gestalt und ordnungs-
mäßige Einrichtung bekommt, in welcher er sich
bis auf die neuesten Zeiten erhalten hat, vom Kaiser
Ferdinand
_{1559
Apr. 3} publiciret — Eben dieser Monarch macht nicht
gar lange nachher auch die ReichsHofKanzleiOrd-
nung bekannt —
Sehr irrig ist es, wenn einige behaupten, der
Reichshofrath sei jetzt erst errichtet worden. Die
Kaiser hatten immer, neben dem Hofgerichte, oder
nachher so genannten Kammergerichte, an ihrem
Hofe, zu juridischen und politischen Sachen, einen
Hofrath unterhalten, welchem das Kammergericht,
so lange es ebenfalls am Hofe sich befand, als ein
Untergericht untergeben war. Es stand auch in
der Willkühr des Kaisers, die Sachen entweder
bei sich, in dem Hofrathe, zu behalten, oder sie
an das Kammergericht zu verweisen, oder sie allenfalls durch Kommissionen zur ganzen Sache, oder
durch Commissiones ad instruendum, verhandeln
zu lassen — Bei dem Hofrathe wurden die Revisionen von dem ehemaligen Hofgerichte, nachherigen Kammergerichte, angemeldet; so kamen auch
die Restitutiones in integrum und andere Dinge
öfters dahin — IV. 172 — 185.

Reichsritterschaft.

Die Zusammenkunft der schwäbischen Reichsritter-
1559 schaft des Viertels am Kocher zu SchwäbischHalle
erregt Aufsehen, „weil dergleichen Zusammenkünfte
der

der Ritterschaft etwas Ungewöhnliches waren„ IV. 162.

Vergl.: Maulbronn; Schwaben.

Reichsstädte; f.: Städte.

Reichsversammlungen.

1559 In der kaiserlichen Proposition auf dem Reichstage zu Augsburg wird unter andern auf eine bessere Beschleunigung der ReichstagsHandlungen angetragen; es scheinet aber, daß über diese Materie nichts abgeschlossen ist IV. 11. 111.

Vertrag, wegen der Ansage auf Reichs- und anderen Versammlungen, zwischen den Kurfürsten von Mainz und von Sachsen während des Wahl-
1562 Convents zu Frankfurt errichtet: Auf allen Reichstägen und Versammlungen, denen der Kurfürst von Sachsen in Person beiwohnet, schicket der Kurfürst von Mainz oder seine Räthe die AnsageZettel dem Kurfürsten von Sachsen selbst, oder in seine Kanzlei, damit er aus derselben dem ReichsErbmarschallAmte befehlen könne, sie umher zu tragen. Ist der Kurfürst von Sachsen nicht persönlich da; so läßt KurMainz den AnsageZettel dem ReichsErbmarschallAmte geben, damit es solchen erst den kursächsischen Räthen zeigen, und dann umhertragen lassen möge. So wird es auch gehalten auf allen Tagen, die der Kaiser oder der römische König ausschreiben, wenn gleich nicht alle Reichsstände dazu erfodert sind. Besonders aber soll es mit der Ansage auch so gehalten werden auf Wahltägen, wenn sie durch den Kurfürsten von Mainz, nach dem Absterben eines römischen Kaisers, oder auch bei dessen Leben, auf der Kurfürsten Einigung, ausgeschrieben sind.

Auf anderen, vermöge des KurVereins ausgeschriebenen, die Wahl nicht betreffenden, Kurfürstentägen

Sechste Abtheil. 1558 bis 1564.

tägen aber kommt es dem Kurfürsten von Mainz allein zu, den gegenwärtigen Kurfürsten und den Gesandten der abwesenden zum Rathe anzusagen V. 100. 101.

Folge der Reichsversammlungen:
1558 zu Frankfurt; Kurfürsten- und FürstenTag III. 447 — 470. 565.
1559 zu Augsburg 507. 578 — 581. IV. 1. 3 — 123. 134. 136 — 152. 157 — 162. 167 — 172. 186 — 197. 201. 205. 206. 226. 284. 286. 334. 348. 363. 384. 421. 425. 454. 455. V. 59. 104. 605. 607. 609. 638. 655. 666. 685. VI. 8. 10. 31. 35. 40. 43. 50. 54. 55.
1561 zu Naumburg; FürstenConvent IV. 314 — 361. 364. 366 — 370. 372. 377. 378. 382. 383. 386. 390. 394 †). 398. V. 102. 122.
1562 zu Frankfurt; Kurfürstentag IV. 635. 636. V. 1 — 121. 609.
1564 zu Worms; ReichsDeputationstag VI. 40 — 56.

Religions- und KirchenSachen:
Frankfurtischer Receß, von unterschiedlichen protestantischen Kurfürsten und Fürsten
1558
Märtii 18   errichtet:

Die jetzt zu Frankfurt versammelten Kurfürsten und Fürsten evangelischer Religion, nach Erklärung der augsburgischen Confession, haben unter einander, und mit einigen abwesenden Fürsten ihres Glaubens schriftlich und durch Botschaften, über „die beschwerliche Nachrede ihrer Widerwärtigen„ sich besprochen. Sie werden nämlich, ob sie gleich auf vielen Reichstägen und anderen Versammlungen erkläret haben, daß sie bei der einmal angenommenen und bekannten Wahrheit bleiben, und keine Secten ꝛc. in ihre Kirchen einreißen lassen wollen, „berüchtiget,„ und verunglimpfet, daß sie in ihrer
eigenen

eigenen Confeſſion zwieträchtig, „irrig und ſpaltig„ wären. Einige nehmen auch aus den Handlungen des Wormſer Colloquiums allerlei Scheingründe wider ſie her, und ſuchen die ganze „chriſtliche Confeſſion auf's ärgſte zu verkleinern.„ Daher haben denn die „Verfolger chriſtlicher Lehre„ ſchmähliche Reden und Schriften ausgeſtreuet und die Sachen ſo weit getrieben, daß ſelbſt einige hohe Perſonen vorgeben, unter dem Scheine der A. C. riſſen viele ſchädliche Secten ein. Die gemeldeten Kurfürſten und Fürſten wollen aber die „Verleumdung, ſie wären in den Hauptartikeln von der chriſtlichen Religion abgewichen„, nicht auf ſich ſitzen laſſen, ſondern vielmehr für ſich und ihre Unterthanen die oft abgelegte „Confeſſion hiemit einträchtig bezeugen, repetiren und erhalten.„ Ihre Meinung iſt nicht, hiedurch eine neue Confeſſion zu machen, oder neue Artikel zu ſtellen, ſondern, den Läſterern gehörig zu begegnen, den kleinmüthigen und bedrängten Chriſten Erklärung und Troſt zu geben, ihren Landen Ruhe zu ſchaffen, und „unnöthiger Irrungen„ diejenigen zu überheben, die ſonſt vielleicht eines andern ſich bereden laſſen und in beſchwerliches Nachdenken fallen möchten. Sie wollen durch dieſes Bekänntniß gar nicht den abweſenden A. C. Verwandten eine beſondere Confeſſion vorſchreiben, oder ſie im Verdachte haben, als ſtimmeten ſie mit dieſer Confeſſion nicht überein ꝛc.; ſondern ſie, Kurfürſten und Fürſten, thun, was ſie thun, deswegen, weil ſie jetzt perſönlich beiſammen ſind, und ſich nicht ſo bald eine ſolche Gelegenheit finden möchte, „damit ſie ihre Gebühr verrichten, ſich ſelbſt der Wichtigkeit des Handels erinnern, und den anderen Ständen ein gutes Exempel geben.„

Sie

Sie bekennen nun: „Daß sie allein der gemeinen wahren Lehre, die in den göttlichen, prophetischen, und apostolischen Schriften des A. und N. Testaments, auch in den drei Hauptsymbolen, und also der A. C. und derselben Apologie, welche aus gemeldeter prophetischen und apostolischen Lehre, als ein Summarium und *Corpus Doctrinae* gezogen ist und ihr gleichstimmet, auch darauf, als auf das unverwerfliche Hauptfundament, in Buchstaben und rechtem, wahren, unverfälschten Verstande wahrhaftig gegründet, im Jahre 1530 dem Kaiser Karl dem Fünften zu Augsburg übergeben ist, anhängig, nachfolgig und gleichförmig sind; sie gedenken auch in ihren Kirchen keine widerwärtige, verführerische und irrige Opinionen oder Secten wissentlich zu dulden."

Weil indeß einige „streitige Reden und Schriften" vorgefallen sind; so will man zwar in diesem Abschiede niemanden in dergleichen SpecialPunkten unverhört verdammen, am wenigsten die Kurfürsten und Fürsten, oder ihre Theologen, welche diese Disputationen in ihren Kirchen und Landen gehabt haben, oder noch haben, oder derselben sich theilhaftig gemacht haben. Allein man muß und will doch, insgesammt und einhellig, nur „Confessionsweise", dasjenige wiederholen, was in der A. C. an seinem Orte erkläret ist. Da nun der „Zwiespalt" auf diesen vier Punkten: von der Rechtfertigung; von der Nothwendigkeit der guten Werke zur Seligkeit; vom heiligen Abendmahle; und, von den Mitteldingen, beruhet; so haben sie, die Kurfürsten und Fürsten, sich vereiniget, daß künftig in Ansehung dieser Artikel so gelehret werden solle:

1. Recht-

1. **Rechtfertigung:** Der Glaube soll vertrauen auf die verheißene Barmherzigkeit Gottes, der uns gewiß annimmt allein von wegen des Gehorsams Christi — — — und allein durch diesen Glauben ist der Mensch vor Gott gerecht und gefällig, wenn sein Glaube auf den Mittler Christus und dessen Gehorsam und Verdienst vertrauet; Nicht die folgende Verneuerung ist es, um wes willen die Person Gottes gerecht und gefällig wird, obgleich solche Gottes Werk ist, auch der neue Gehorsam, Gerechtigkeit genennet wird.

2. **Gute Werke:** Es ist eine göttliche, unwandelbare Wahrheit, daß der neue Gehorsam nöthig sei in den Gerechtfertigten; mithin heißt nöthig so viel, als göttliche Ordnung, daß nämlich eine vernünftige Kreatur Gotte Gehorsam leiste, nicht aber, daß es, durch Furcht und Strafe erzwungene äußerliche Werke bedeute. Der neue Gehorsam ist das, durch das Wort Gottes, vom Sohn und heiligen Geiste angezündete, neue Licht, aus welchem guter Vorsatz und äußerliche gute Werke fließen, so, daß, nach der Bekehrung, die Erneuerung sich in allen christlichen Tugenden, welche der Glaube hervorbringt, zeiget. Deswegen muß man die Sätze: Neuer Gehorsam ist nöthig; Neuer Gehorsam ist eine Schuldigkeit! nicht verwerfen, ob wir gleich wegen des neuen Gehorsams nicht selig werden, sondern allein das Vertrauen auf den Glauben des Verdienstes des Mittlers zu stellen ist. Indeß sollen die Worte: „zur Seligkeit„, nicht angehänget werden, damit nicht das Wähnen einer Verdienstlichkeit die Lehre von der Gnade verdunkele.

3. Abend

Sechste Abtheil. 1558 bis 1564.

3. **Abendmahl:** Christus ist wahrhaftig, lebendig, und wesentlich zugegen, er gibt mit Brod und Wein seinen Leib und sein Blut zu essen und zu trinken, und bezeuget damit, daß wir seine Glieder sind, daß er sich uns applicire, und seine gnädige Verheißungen in uns wirke. Das Brod ist die Gemeinschaft mit dem Leibe Christi, und solches kann nicht außer der Genießung verstanden werden. Alle Sakramente haben ein irdisches und ein himmlisches Ding. Die Natur des Brods bleibt zwar, aber mit den Elementen werden die Gaben, nämlich der Leib und das Blut Christi, dargereichet. Die BrodVerwandlung und das MeßOpfer werden verworfen.

„Etliche sagen auch allein dieses, daß der Herr Christus nicht wesentlich da sei, und, daß dieses Zeichen allein ein äußerliches Zeichen sei, wobei die Christen ihr Bekenntniß thun, und zu kennen sind; diese Rede ist unrecht." Eine Aeußerung, mit welcher es nicht allein auf die Wiedertäufer, sondern auch auf Zwingli und dessen Anhänger abgesehen war, wie das Melanchthon in einem NebenSchreiben an die Kurfürsten und Fürsten soll angezeigt haben —

4. **Adiaphoren:** Sie können, ohne Sünde, gebraucht, oder unterlassen werden, wenn nur die Lehre des heiligen Evangeliums recht und rein geführet wird; sonst aber sind sie bei Verfolgung der Lehre schädlich und nachtheilig. Jeder Stand hat also die Zeremonieen in seinem Lande so anzustellen, daß sie dem Worte Gottes und der A. C. nicht zuwider seien; und kein Stand soll den andern, wegen Ungleichheit der Zeremonieen, beschweren und verdammen, oder den Seinen, solches zu thun, gestatten.

9. Theil.

Bei diesen Artikeln wollen die Kurfürsten und Fürsten beharren. Sollte darüber weiterer Bericht und Ausführung erfoderlich seyn, so wollen sie mit anderen Fürsten und Ständen der A. C. sich deswegen — — besprechen, und also erzeigen, wie sie nach göttlichem Befehle sich schuldig erkennen. Sie wollen nicht gestatten, daß in ihren Landen anders gelehret werde, noch weniger „ungöttliche Spaltung und Trennung wissentlich zulassen„, sondern ihren Kirchendienern mit Ernst befehlen, daß sie dieser Repetition der A. C. sich gemäß bezeigen, keine unnöthige ärgerliche Opinion erregen, sondern das Wort Gottes rein predigen. Wer etwan in seinem Gewissen sich unruhig fühlt, „soll seine Skrupel nicht gleich unter das Volk bringen, sondern bei den Consistorien, Superintendenten, oder anderen verständigen und erfahrnen Männern Rath suchen.„ Keine Schrift in Religionssachen soll ohne Censur gedruckt, vielweniger sollen „Schmachbücher„ geduldet werden. Die Kurfürsten und Fürsten wollen ihren Consistorien vorschreiben, wie sie in vorkommenden Streitigkeiten sich zu verhalten haben, und besonders ihnen befehlen, daß sie keinen, am wenigsten eine ganze Kirche, unverhört verurtheilen sollen. Wer wider diese „christliche Confession„ lehret und handelt, soll der Obrigkeit angezeigt und im Lehr Amte nicht geduldet, auch, wenn er abgesetzt worden, von keinem andern Fürsten oder Stande wieder angenommen werden. Doch wollen die Kurfürsten und Fürsten durch diese scharfe Verordnung andere A. C. verwandte Stände nicht verachten, verunglimpfen, oder gefährlicher Weise ausschließen, noch weniger sie verdächtig machen; vielmehr sind sie bereit, sich mit anderen Ständen auf christliche Gebühr und Wege zu vereinigen und

Sechste Abtheil. 1558 bis 1564.

zu vergleichen. Zu dem Ende wollen sie die übrigen Fürsten, Grafen, Städte, und Stände der A. C. ersuchen, daß sie, „weil in diesem Abschiede nichts neues gehandelt, sondern die A. C. nur repetiret wird„, sich gleichfalls nothdürftig erklären, damit alle Feinde ihre Einigkeit spüren — Was sie hierin ausrichten, wollen sie, zwischen jetzt und dem nächsten Johannistage, einander melden. Will einer oder der andere sich in solche Friedenshandlung nicht einlassen; so wollen die Kurfürsten und Fürsten dennoch bei diesem Frankfurtischen Recesse bleiben, und keine Unruhe und Weiterung verstatten. Sie wollen, wenn Jemand sich unterstände, diesen Abschied in Schriften anzugreifen und ihn zu mißdeuten, ihre gehörig instruirte Theologen zusammenschicken, damit solche, was weiter zu thun sei, berathschlagen können.

Diesen Receß haben die mehrerwähnten, in Frankfurt gegenwärtigen Kurfürsten und Fürsten eigenhändig unterschrieben III. 460 — 468.

Religions-Beschwerden verschiedener protestantischen Stände, auf dem damaligen Convente der evangelischen Kurfürsten und einiger Fürsten zu Frankfurt vorgetragen 468 — 470.

Die durch den Frankfurtischen Receß beabsichtigte Einigkeit in der evangelisch-lutherischen Kirche wird nicht erreichet — Jener Receß wird nur in der Pfalz, in KurSachsen, der KurMark Brandenburg, im Wirtembergischen, und im Hessischen uneingeschränkt angenommen, findet aber übrigens manchen und heftigen Widerspruch, unter andern von Seiten Magdeburg's, und besonders von den Herzogen zu Sachsen und ihren Theologen — Die Uneinigkeit in der evangelischen Kirche steigt sehr hoch. Aufgeklärte und fromme Regenten wünschen, dem Unwesen zu steuern; aber die

Theologen, die Theologen! — Die reden eine ganz andere Sprache, als die Fürsten, und beharren auf ihrem Sinne, sollte auch „die Ausbreitung der evangelischen Lehre, nebst dem Verfalle des Papstthums, darüber zu Grunde gehen." „Sie wollen, sagen sie, dem heiligen Geiste das Maul nicht binden lassen,", und sind doch an Früchten des Geistes so arm!

Die weltlichen Regenten können ihre Rechte in geistlichen Sachen nicht mit gehörigem Nachdrucke behaupten und ausüben, weil sie die allmächtigen Theologen fürchten müssen. Sie sehen sich daher gezwungen, diese nur schalten und walten zu lassen, und zuletzt ihr Wort zurückzunehmen, mit der Erklärung, „sie hätten den Frankfurtischen Abschied gar nicht in der Meinung gemacht, daß die Calvinisten sich darunter verstecken sollten," — 470 — 490.

1559 Ereignisse in Ansehung des Religionswesens auf dem Reichstage zu Augsburg: Bericht von dem Wormser Religions=Gespräche, zu großem Verdrusse der Katholischen abgestattet — Der Kaiser wird hieburch überzeugt, daß ein Religions=Gespräch der Weg nicht sei, der zur Vereinigung der Religionen führet. Er wünscht daher, ein Concilium zum Stande zu bringen. Das wollen die A. C. Verwandten nicht annehmen, als unter Bedingungen, deren Bewilligung nicht in des Kaisers Macht steht. Daß dies der Fall sei, erkläret er den gedachten Ständen. Die bleiben aber bei ihrem Entschlusse, „daß sie in ein Concilium nicht anders willigen könnten, als, in so fern solches mit den christlichen, nothwendigen, und bei allen unparteiischen, freien und sicheren ehedem gehaltenen Concilien, beobachteten Umständen und Eigenschaften, wie sie die dem Kaiser vorgestellet hätten, ausgeschrie-

Sechste Abtheil. 1558 bis 1564.

geschrieben und gehalten würde„ — Beschwerden der Evangelischen wider die Katholiken, und dieser wider jene — Ernstliches und wiederholtes, aber fruchtloses Anhalten der Stände der A. C. um die Abschaffung des geistlichen Vorbehalts und die völlige Freistellung der Religion — Bestätigung des Paßauer Vertrages und des Augsburger Religionsfriedens — IV. 15 — 48.

1560 Verhandlungen über die Berufung eines Conciliums, oder wenigstens das Reaßumiren des tridentischen — 251 — 261.

Melanchthon's Absterben vermehret die Streitigkeiten in der evangelischen Kirche nicht wenig 297. 298. s. auch VII. 576. 577. und VIII. 156.

Drei Parteien in dieser Kirche, durch den Frankfurter Receß veranlasset: Die erste nimmt diesen Receß als eine symbolische Schrift an; die zweite verwirft ihn und schreibt wider ihn; und die dritte behält Zeremonieen, die denen der römischen Kirche ähneln) bei, läßt also ebenfalls den Receß nicht gelten — IV. 299. 300.

1561 Jan. und Febr. FürstenConvent zu Naumburg — 314 — 361.

1561 Spt. 22 Congreß der Räthe und Theologen einiger protestantischen Fürsten, zu Erfurt — 362 — 367.

Poltern der Theologen wider das Lüneburgsche Mandat. Sie vereinigen sich, es nicht anzunehmen, und das Schelten auf den Kanzeln nicht zu unterlassen — 375. 376.

1562 Auf dem WahlConvente zu Frankfurt übergeben die evangelischen Kurfürsten und Fürsten dem Kaiser ihre, nachher erweiterte, und unter dem Titel: „Stattliche Außführung der Ursachen, darumben die — — Stände der A. C., des Babst *Pii IIII.* ausgeschrieben vermeynt *Concilium*, so er gegen Trient angesetzt, nit besuchen khünden, u. s. w. gedruckte, das ihnen zugemuthete Besuchen, Beschicken, und Erkennen des tridentischen Conciliums ablehnende „Entschuldigungs- und RekusationsSchrift.„ Eine der trefflichsten wider das Papstthum geschriebenen Schriften, noch jetzt mit Rechte geschätzt. Sie enthält drei Theile. Im ersten wird die Beschuldigung, die Protestanten scheueten ein freies und christliches Concilium, und fänden an Aufruhr und Factionen Gefallen, widerlegt. Der zweite Theil gibt von dem Entschlusse der protestantischen Stände, das tridenter Concilium nicht anzunehmen, diese Gründe an: 1) Das Ansagen eines Conciliums und die Ladung zu demselben setzt eine Jurisdiction voraus; die gestehen aber die protestantischen Stände nicht dem Papste, sondern nur dem Kaiser, zu; 2) Trident ist ein italiänischer, kein teutscher, und kein freier, unverdächtiger Ort; das Dekret der 19ten Session des kostnitzer Conciliums ist noch nicht aufgehoben, man kann also auf ein sicheres Geleit, in Ansehung so oft verbanneter Personen, wie die Protestanten sind, sich nicht verlassen; 3) Da der Papst und seine Prälaten sich des Rechts, zu präsidiren und zu entscheiden, angemaßt und alle weltlichen Stände davon ausgeschlossen haben; so ist das tridentische Concilium nicht allgemein, auch nicht geschickt, die Streitigkeiten zu schlichten. Es fehlen auf demselben die teutsche, engländische, schottische, schwedische, und noch andere Nationen; 4) Eben dieses Concilium ist auch nicht frei, und nicht christlich. Nicht frei, sowol wegen des Orts, als auch wegen der vereideten Leibeigenen des Papstes, die ihm von neuem geschworen haben, Alles, was ihm entgegen ist, zu hintertreiben, und, die Ketzer, als Rebellen, auf's Aeußerste zu verfolgen —

Nicht

Sechste Abtheil. 1558 bis 1564.

Nicht christlich ist das Concilium, weil auf demselben nicht Christus und sein Wort, sondern Menschengebote und die mehresten Stimmen gelten — 5) Der römische Hof ist höchst verderbt und lasterhaft; für Geld ist bei ihm Alles feil; durch die *Taxa Sacrae Poenitentiariae*, für Pallien, Bullen, Annaten, Dispensationen, Ablaß ꝛc. zieht dieser Hof jährlich aus allen Reichen 100 Tonnen Goldes (vermuthlich Thaler); wie können nun die Protestanten einen solchen „Erzketzer und Haupt der Simonsbrüder„ für ihren Obern erkennen? 6) Die Päpste und Mönche haben den Menschen eine wider alle prophetische und apostolische Schriften laufende Theologie aufgedrungen, lehren von der Schrift niederträchtig und verächtlich, und erheben dagegen ihre Traditionen über die Bibel; 7) Die vom tridentischen Concilium bereits abgefaßten Schlüsse sind wider Gottes Wort und die christliche Lehre; 8) Die Päpste haben durch die Concilien mehr Unglück, Krieg ꝛc. angerichtet, als Frieden und Einigkeit gestiftet; sie haben durch die Concilien ihre Tyrannei, Oberherrschaft gegen die Kaiser und Könige, und Unterdrückung weltlicher Obrigkeiten behauptet. Im Rathe solcher Gottlosen zu sitzen, gebühret die Protestanten nicht — 9) Da der Papst die Protestanten nicht für Glieder der katholischen Kirche erkennet, sondern sie als Ketzer verdammet; so halten sie ihn für ihren Feind; 10) Die Protestanten würden es vor ihrem Gewissen nicht verantworten können, wenn sie eine Sache, die das Evangelium und die Religion betrifft, einem solchen Concilium, wie das tridentische ist, überließen. Im dritten Theile wird dargethan, daß ein, von den Protestanten verlangtes, ihnen auch auf einigen Reichstagen versprochenes, „freies, christliches, und allgemeines„ Concilium so beschaffen

fen seyn müsse: Es muß vom Kaiser ausgeschrieben und dirigiret, und an einem gelegenen Orte in Teutschland, weil hier die Religionsspaltung entstanden ist, gehalten werden. Am schicklichsten dazu sind die freien Reichsstädte, weil da Katholiken und Protestanten unter einander wohnen. Vor allen Dingen muß das kostnitzische Dekret: Den Ketzern ist keine Treue und Glauben zu halten! abgeschafft werden. Auf dem Concilium müssen päpstliche und protestantische Geistliche ohne Unterschied, auch Laien, erscheinen und einander hören, aber sie müssen „beständig in der Lehre, Liebhaber der Wahrheit und Feinde der Sophisterei seyn, das gehörige Alter und gute Erfahrung haben, gelehrt seyn, die Schrift verstehen, einen unsträflichen Wandel führen, und alle Affekten verbannen." Auch die Laien müssen, wie auf den alten Concilien, ihren Sitz haben, und ihre Stimmen müssen eben so wol, als die der Geistlichen, schließlich seyn. Das Concilium muß aus allen Nationen und Provinzen bestehen. Den Bischöfen und Geistlichen ist der Eid, mit welchem sie dem Papste verhaftet sind, zu erlassen, und von beiden Parteien muß das *Juramentum Calumniae* geschworen werden. Alle Dekrete des tridenter Conciliums müssen cassiret werden, weil die Richter in ihrer eigenen Sache gesprochen haben. Das Präsidenten und Oberrichter Amt kommt allein Christo zu; und zur Abfassung der Schlüsse muß die heilige Schrift die einzige Richtschnur seyn, obgleich die alten Kirchenväter und Concilien mit zu Rathe gezogen werden können. Dieser Schrift ist die *Taxa Sacrae Poenitentiariae* angehänget, um Jedermann zu überzeugen, wie weit die Geldschneiderei der Päpste gehe, und, daß auch die schrecklichsten Sünden für Geld von ihnen vergiehen worden. — V. 102 — 121.

Sechste Abtheil. 1558 bis 1564.

1562. 1563 Concilium zu Trident — 132 — 587.
Daß der Kurfürst von der Pfalz die zwinglische Lehre öffentlich annimmt und in seinen Landen einführet, setzt die A. C. verwandten Fürsten und Stände in nicht geringe Verlegenheit. KurPfalz hatte bisher das Directorium unter ihnen geführet. Das konnte nun ihm nicht gelassen werden, ohne bei den Katholiken den Verdacht zu erwecken, daß auch die übrigen evangelischen Fürsten und Stände jene damals sehr verhaßte Lehre billigten. Hiedurch würden sie sich des Religionsfriedens verlustig gemacht haben, indem von demselben alle, die weder der „alten oder katholischen Religion, noch der augsburgischen Confession,, beipflichteten, ausdrücklich ausgeschlossen wären; und die Katholiken spüreten ohnehin nach einem Vorwande, unter welchem sie diesen Frieden umstoßen könnten. Daher die Bemühungen des römischen Königs Maximilian, des Kurfürsten zu Sachsen, des Herzogs zu Wirtemberg, und des Landgrafen Philipp zu Hessen, unter den zur augsburgischen Confession sich bekennenden Ständen eine genauere und vertrauliche Korrespondenz zu stiften. Daher ihre Berathschlagungen, wie die unter den Theologen streitigen Punkte auszugleichen seien, auch „dem Eindringen der zwinglischen oder calvinischen Lehre in der Pfalz begegnet werden möge,, — 648. 649.

1564 Der Kaiser bittet, in seinem und des Herzogs Albrecht von Baiern Namen, den Papst dringend, die PriesterEhe, und den Gebrauch des Kelchs im heil. Abendmahle in Ansehung der Laien, in den teutschen Provinzen zu erlauben. Der erste Punkt wird abgeschlagen. Aber der Gebrauch des Kelches im Abendmahle wird dem Kaiser, dem Herzoge von Baiern, und einigen anderen teutschen Fürsten für sich und ihre Unterthanen verstattet. Eine Erlaub-

niß,

niß, die bei weitem noch nicht Freiheit des Gewissens gewähret, da die Communicanten unter beiden Gestalten in allen übrigen Stücken den Lehrsätzen der römischkatholischen Kirche beipflichten, und bekennen müssen, daß der „wahre und ganze Leib Christi sowol unter einer Gestalt, als unter beiden Gestalten empfangen werde„, ja, daß „die römische Kirche weder geirret habe, noch jetzt irre, wenn sie das heilige Abendmahl nur unter einer Gestalt austheile.„ Den evangelischen Unterthanen des Kaisers besonders war mit der angeführten Erlaubniß nicht geholfen; da es ihnen nicht blos um den Kelch, sondern um die ganze Lehre der augsburgischen Confession, und deren freies, öffentliches Bekenntniß zu thun war — Die katholischen Laien haben übrigens der Erlaubniß, unter beiden Gestalten das Abendmahl zu nehmen, sich nicht sehr lange zu erfreuen gehabt. In Oestreich hörte der Gebrauch des Kelches bei katholischen Laien schon im Jahre 1600, ja gutentheils bereits im Jahre 1568, auf, in Böhmen und den benachbarten Provinzen aber hat er bis zum Jahre 1623 fortgedauert VI. 68 — 74. VII. 511 *).

1564 Bemühungen des Kaisers Ferdinand, die Evangelischlutherischen und die Römisch-Katholischen mit einander zu vergleichen — VI. 75.

f. übrigens: Amsdorf; Brenz; Erfurt; Ettlingen; Flacius; Friederich der III.; Jena; Johann Friederich der Mittlere; Kammergericht; Kirchenversammlungen; Magdeburg; Maulbronn; Melanchthon; Möllen; Päpste; Pfalz; Sachsen; Seld.

Rennes.
Bischof:
..... Bochetel V. 525.

Reuß.

Sechste Abtheil. 1558 bis 1564.

Reuß.
Die von ihren Gläubigern gedrängten meißenschen Burggrafen Heinrich der VI. und Heinrich der VII.
1559 Reuß verpfänden für 60000 Gulden ihren Antheil am Vogtlande an Kur Sachsen.
Etwa zehn Monate nach Heinrich des VI. Tode hat Heinrich der VII. durch einen zu Dresden mit dem
(1569) Kurfürsten August von Sachsen geschlossenen Vergleich aller Anwartung, allen Rechten und Gerechtigkeiten auf das verpfändete Land, gegen Bezalung von 27142 Gulden 18 Gr., feierlich entsagt IV. 243 — 246.
Uebrigens s. dies Repertor., Abtheil. V. S. 219., und, in dieser sechsten Abtheilung, den Artikel: Meißen.

Reval.
Das dasige Bißthum wird dem Bischofe Moritz Wrangel für den dänischen Prinzen Magnus, Herzog von Holstein,
1560 abgekauft IV. 426. 427.

Rheims.
Erzbischof:
Karl, Herzog von Lothringen,
(† 1574) Kardinal.

Rheingrafen; s.: Wildgrafen.

Rieneck.
† 1559 Nach dem Tode des Grafen Phlipp von Rieneck, des letzten seines uralten gräflichen Geschlechts, wird die bisherige Grafschaft Rieneck zertrümmert. Etwas davon kommt an JsenburgRonnenburg, und nachher an das Hochstift Wirzburg, etwas an Erbach; den größesten Theil aber zieht Kur Mainz an sich, welches auch im Jahre 1567 wegen der Grafschaft Rieneck bei der fränkischen Kreisversammlung zu Sitz und Stimme zugelassen wird.

In der Folge hat es einen Theil der Grafschaft, doch mit Beibehaltung des Dominii directi, unter dem Namen: „Unmittelbare gräfliche Reichsherrschaft Rieneck" an den böhmischen Ober Hoffanzler (1673) Grafen Johann Hartwig von Nostitz verkauft; eben demselben hat es auch das Sitz- und Stimmrecht dieser Grafschaft auf den fränkischen Kreistägen und auf dem Reichstage im fränkischen Grafen-(1674) Collegium überlassen. Zehn Jahre nachher hat der Kurfürst Anshelm Franz von Mainz den halben Biebergrund, nebst einem Viertel an dem Städtchen Rieneck und dem Dorfe Schaibach, an die 1684) Grafen von Hanau zu Lehen verkauft.

Einige Rieneck'sche Lehen, als Grumbach, Schelkrippen, Kalbe am Spessart ꝛc. sind an die Grafen von Schönborn gekommen — KurMainz selbst hat von der ehemaligen Grafschaft Rieneck nur für sich behalten das Amt Lohr, welches es noch jetzo besitzt IV. 231—240.

Letzter Graf:
Philipp IV. 8. 231—234. 236—238.

Riga.

Versammlung:
1560 der lieflänbischen Stände; wegen der gefährlichen Umstände ihres Landes. Resultat ihrer Berathschlagungen: Man will noch zum letzten Male versuchen, ob man nicht auswärtige Hülfe erlangen könne. Findet der Herrnmeister Gotthard Kettler Mittel, dem Lande durch eine Vermälung zu helfen; so sind die Stände nicht nur damit zufrieden, sondern sie wollen auch es sich gefallen lassen, wenn „er die Ordensländer erblich und eigen, als ein natürlicher Erbfürst, bei dem zuträglichsten Potentaten erhalten kann, nur, daß alle Inwohner bei dem Besitze ihrer Güter gehandhabet werden." Ist alles Bemühen

Sechste Abtheil. 1558 bis 1564.

mühen um Hülfe fruchtlos, so will man sich an den König von Polen wenden IV. 427. 428.

1561 Bei der Unterwerfung Lettlandes unter polnische Hoheit bleibt die Stadt **Riga** in ihrer Verbindung mit dem römischteutschen Reiche, und sie genießt, unter kaiserlichem Schutze, ihrer uralten Freiheit, bis endlich, nach Verlauf von beinahe zwanzig Jahren, auch sie dem Könige von Polen den Hul-
(1581) digungseid leistet IV. 443.

Erzbischof:

Wilhelm, Markgraf zu Brandenburg IV. 123. 125. 422. 427. 430. 436. 438. —
1563 stirbt — Sein Koadjutor, der Herzog Christoph von Mecklenburg, sucht zwar der Güter des Erzstiftes sich zu bemächtigen, geräth aber in polnische Gefangenschaft, und kann erst nach sechs Jahren seine Freiheit wieder erlangen. Indeß nimmt, kraft königlichpolnischer Vollmacht, der Herzog Gotthard von Kurland von den Stiftsgütern für's erste Besitz. Die Domherren vergessen mit der Zeit die Erwählung eines neuen Erzbischofs, nehmen den weltlichen Stand an, und lassen sich die geistlichen Güter erblich geben, wodurch sie denn zu der bald hernach erfolgten gänzlichen Sekularisirung des Erzstiftes den Weg bahnen — 444. 445.

Uebrigens s.: Vilna.

Roeux

Graf von — s.: Croi.

Roggenburg.
Abt:

Johann ..... IV. 4. 116.

Rostock.

Die daselbst vorlängst gestiftete Universität wird 1560 vom Kaiser privilegiiret IV. 295.

Die

Die basigen Theologen lehnen, durch den berühmten Chyträus, die Einladung der Flacianer, ihre Protestation wider das tridentische Concilium mit zu unterschreiben, klüglich ab, und sagen in ihrer Antwort unter andern: "Es möchte bei den evangelischen Epikurern wol eben so viel zu strafen und zu bejammern seyn, als bei den Papisten„ — V. 123. 124.

Roth
Abt zu —:
Dominicus ..... IV. 7.

Rothenfels
Graf zu — s.: Montfort.

Rothweil.
Kaiserlicher Befehl an alle im Bezirke des dasigen kaiserlichen Hofgerichts wohnende, den Gerichtszwang dieses Hofgerichts nicht zu schmälern, oder 1563 zu hindern V. 590.

Russen; Rußland.
1558 bis 1560 Große Progressen der Russen in Ehstland, Liefland, und Kurland IV. 127—129. 133. 428—430.

Zar:
(† 1584) Iwan der II., Wasiljewitsch.

Rye (Klaudius von)
macht, aus dem Testamente des letzten Grafen von Mömpelgard, Anspruch an einige Herrschaften und Güter, welche der Graf Friederich von Wirtemberg im Besitze hat, unter andern auch an die Herrschaft Hericourt; findet Mittel, das Schloß He-
1561 ricourt in seine Gewalt zu bringen, muß es aber bald zurück, und sich selbst, sammt seinen Leuten, zu Kriegsgefangenen geben; wird einige Zeit nachher in Freiheit gesetzt IV. 419—421.

Sachsen.

1558 Die Herzoge zu Sachsen und ihre Theologen sind mit dem Frankfurter Recesse durchaus nicht zufrieden — Es kommt zwischen den Fürstlich Sächsischen und den Kurfürstlich Sächsischen Gottesgelehrten zu bitteren Streitigkeiten. Die drei Brüder Herzoge zu Sachsen, besonders der älteste von ihnen, Johann Friederich der Mittlere, der die Regierung allein in Händen hat *), nehmen sehr starken Antheil an diesen theologischen Zänkereien, und suchen mehr, die innere Spaltung in der evangelischen Kirche zu unterhalten, als daß sie auf die Heilung derselben hätten bedacht seyn sollen. Politische Gründe bewegen sie zu diesem, der gemeinen Sache so schädlichen, Benehmen. Johann Friederich kann nämlich nicht vergessen, daß die Nachfolge in der Kur Sachsen der jüngern Linie seines Hauses zu Theile geworden ist — Der Kurfürst von Sachsen hatte bisher gleichsam das Directorium in Religions Sachen gehabt, und Wittenberg war die Mutterkirche aller evangelisch-lutherischen Kirchen gewesen. Beides ist den sächsischen Herzogen unerträglich. Sie wollen, ungeachtet des Verlustes der Kur, das Directorium in Religions Sachen behaupten, und geben sich alle ersinnliche Mühe, durch die Universität zu Jena die Wittenberger Universität um ihr Ansehn zu bringen; hinc illae lacrumae! — Zur Erreichung ihrer Absichten läßt besonders der berühmte Flacius sich als ein jedem Angriffe trotzendes Werkzeug sehr gern brauchen — Johann Friederich, von seinen unruhigen Theologen verleitet, ladet unterschiedliche Fürsten und Stände zu einer Synode nach Magdeburg ein, wo seine und die niedersächsischen Theologen, welche mit den dänischen, mecklenburgischen, und

---

*) s. dies Repertor., Abtheil. V. S. 317. 318.

und pommerschen Kirchen die sogenannte strenge Partei ausmachten, zusammenkommen sollten, um den Frankfurter Abschied feierlich zu verdammen. Dieser Magdeburgische Condemnations-Tag kommt doch nicht zu Stande — III. 476 — 488.

Vergleich zwischen dem Kurfürsten August von Sachsen, und dem Bischofe Johann dem IX. von Meißen, zu Dresden geschlossen: Der Bischof will, in Rücksicht auf den Erbschutz, welchen sein Hochstift von dem KurHause Sachsen genießt, die Religionssachen in diesem Stifte der Religion der A. C. gemäß erhalten, auch es allenthalben bei der geschehenen Visitation bewenden lassen; er verspricht für sich und seine Nachfolger, daß er, in Betreff der Trankstreuer und anderer Steuern im Stifte, sich nach den kursächsischen Erblanden richten, die Landtäge, wie vor Alters hergebracht, besuchen, sich zu diesen Landen mit Zuschickung zu Roß und zu Fuße halten, und im Falle der Noth mit tragen und mit leiden will, wie auch vor Zeiten geschehen sei. Das bischöfliche Amt Stolpen soll gegen das kursächsische Amt und Stadt Mühlberg ausgewechselt werden, doch „ohne allen Abgang des Reichslehens und anderer Gerechtigkeit und Nutzung des Stifts Meißen", wie denn auch dem Bischofe an der geistlichen Gerichtsbarkeit kein Eintrag geschehen soll. Der Kurfürst verspricht, sich aller guten Nachbarschaft gegen die Krone Böhmen und das Markgrafthum Lausitz, der gedachten Auswechselung halber, zu verhalten.

Bald nach der Schließung dieses Tractats erfolgt die wirkliche Uebergabe von Stolpen und Bischofswerda an den Kurfürsten August, der unverzüglich die evangelische Lehre daselbst einführet; der Bischof Johann nimmt Stadt und Amt Mühlberg

Sechste Abtheil. 1558 bis 1564.

berg in Besitz, und verlegt seine Residenz nach Wurzen — 516. 517. s. auch VII. 107—110. 596.

Das Haus Sachsen erhält vom Kaiser, neben der, dem ganzen Stamme dieses Hauses schon seit alten Zeiten eigenen, Befreiung de non appellando,
1559 Mai 2 noch ein besonderes Priuilegium de non appellando, unter einer Strafe von 100 Mark löthigen Goldes; und der Kurfürst August von Sachsen ordnet gleich nachher ein eignes Appellationsgericht zu Dresden an IV. 188.

1559 Mai 2 KurSachsen erkauft von den von Schönburg den obern Theil der Graffschaft Hartenstein — 246.

1559 Aug. 4 Neue kaiserliche Bestätigung der im Jahre 1554 geschlossenen Erbverbrüderung *) des herzoglichen Hauses Sachsen Ernestischer linie mit dem Hause Henneberg 189.

1559 Dec. (und 1569) KurSachsen erwirbt von den meißenschen Burggrafen aus der Familie Reuß den Antheil derselben am Vogtlande, nämlich die Herrschaften und Städte Voigtsberg, Plauen, Oelßnitz, und Adorf, nebst den Flecken Neukirchen und Schöneck 243—246.

1560 Oct. 21 Neuer „OerterungsReceß„ zwischen dem Herzoge Johann Friederich dem Mittlern zu Sachsen und seinen beiden jüngern Brüdern, durch welchen diese jenem die Führung der gemeinschaftlichen Regierung noch auf vier Jahre überlassen 294.

Kurfürst und Herzoge: s. dies Repertorium, Abtheil. V. Tab. X.

Sakramentenstreit (Der) 1560 wird in der Pfalz mit großem Eifer betrieben IV. 317.

Salers

*) s. dies Repertor., Abtheil. V. S. 131. 132.

Salerno.
Bischof:
Hieronymus Seripandus, Kardinal IV. 399. 400.

Salmannsweiler.
Abt:
Georg ...:. IV. 7.

Salzburg.
Erzbischöfe:
† 1560 Michael von Kuenberg.
(† 1586) Johann Jakob von Kuen von Belasi.

Saukrieg (Der).
So heißt die Carlowitzische Fehde, weil in derselben Hans von Carlowitz eine große Anzahl den 1558 Bürgern in Wurzen zugehöriger Schweine wegtrieb III. 513.

Savojen.
Herzog: s. dies Repertor., Abtheil. V. S. 320.

Sayn und Witgenstein.
Grafen:
Wilhelm IV. 9.
Johann IV. 292.

Adolf IV. 292. Heinrich IV. 292. Hermann IV. 292. 635.

Georg IV. 635. V. 2.

Schlacht:
$^{1558}_{Jul. 13}$ bei Grävelingen, zwischen den Spaniern und den Franzosen III. 590. 591.

Schlesien.
Herzog zu Münsterberg:
Karl V. 91.

Schleswig.

Der König Friederich der II. zu Dänemark und Norwegen hatte seinen Bruder Magnus, für dessen Antheil an den Herzogthümern Schleswig und Holstein, mit den für ihn erkauften Stiftern Oesel nebst der Wyck, und Kurland oder Pilten 1564 abgefunden. Er theilet hierauf zu Flensburg mit seinem jüngsten Bruder, dem Herzoge Johann dem Jüngern, die väterlichen Fürstenthümer, Landschaften, und Herrschaften so: Der König überläßt dem Herzoge, statt des dritten Theils von seinem Drittheil an den Herzogthümern Schleswig und Holstein, die Häuser Sonderburg und Norburg, Stadt und Schloß Plön, und das Kloster Arensböck, erblich, mit allen Zubehörungen, Herrlichkeiten und Gerechtigkeiten. Er übernimmt, auf ihrer Beider Lebenszeit, die Bezahlung des dritten Theils aller teutschen Reichs- und Kreissteuern für seinen Bruder. Wenn die 12000 Thaler Pfandschilling von des Königs Antheil an dem Hause Steuerwald (im Bißthume Hildesheim) abgelöset werden; so will der König den dritten Theil davon, also 4000 Thaler, dem Herzoge geben. Diesem sollen seine Rechte in Ansehung der Foderung, Hoheit und Gerechtigkeit an Hamburg ungekränket bleiben. Dagegen begibt der Herzog Johann der Jüngere, für sich und seine Erben, sich aller, ihre väterliche Verlassenschaft betreffenden, Ansprache an den König.

Der König verlangt hierauf von den schleswigholsteinischen Landständen die Erbhuldigung für sich und seinen Bruder Johann; sie wird, in Ansehung des letztern, abgeschlagen. Aber die Stände huldigen zu Flensburg dem Könige, und seinen Oheimen, den Herzogen Johann dem Aeltern, und Adolf, wogegen der König ihnen über ihre Privilegien

legien eine eidliche Versicherung ertheilet. Eben
derselbe trifft mit den gedachten seinen Oheimen den
Vergleich, daß die bisherige SonderRegierung in
eine SammtRegierung verwandelt werden solle.
Diese gemeinschaftliche Regierung des Schleswig-
Holsteinschen Hauses königlicher, und herzoglicher
gottorpscher, Linie hat bis auf die neuesten Zeiten
fortgedauert. Sie wurde jährlich auf Michaelis
gewechselt, und die ungetheilt gebliebenen Prälaten
und Ritterschaft standen unter derselben.

Der vorerwähnte Herzog Johann der Jüngere
ist der Stammvater unterschiedlicher Nebenlinien
des Hauses SchleswigHolstein. Er und seine Nachkommen sind nicht als regierende Landesherren zu
betrachten. Sie waren abgefundene Fürsten des
Hauses SchleswigHolstein, wie sie denn auch die
Reichsstandschaft nie gehabt haben V. 638—641.

Herzoge: s. dies Repertorium Abtheil. V.
S. 330., und, in dieser sechsten Abtheilung,
den Artikel: Dänemark.

Schlick
Graf von —:

Joachim IV. 515. 548.

Schuſſenried
Abt zu —:

Benedict ..... IV. 7.

Schwaben.

Der schwäbische Kreis bringt bei der Reichsver-
1559 sammlung zu Augsburg seine Beschwerden über die
Zudringlichkeiten des kaiserlichen Landgerichts in
Ober- und NiederSchwaben, auf der Leutkircher
Haide und in der Gepürs, an. Der Kaiser, als
Erzherzog zu Oestreich und Inhaber der Landvogtei,
verspricht, eine solche Reformation vorzunehmen,
daß künftig niemand Ursach haben solle, sich über
das Landgericht zu beklagen. Nur in Ansehung
der

Sechste Abtheil. 1558 bis 1564.

der Appellation behauptet er, daß, da seine Vorfahren das Eigenthum der Landvogtei in Schwaben, cum pleno iure und mit allen Gerechtigkeiten, wozu besonders das Landgericht auf der Leutkircher Haide, als ein unstreitiges Pertinenzstück, mit gehöre, kaufweise an sich gebracht und in iudicio contradictorio erhalten hätten, die Appellationen von dem, den Erzherzogen zu Oestreich zuständigen Landgerichte an den Kaiser, als regierenden Erzherzog von Oestreich, und an dessen Regierung zu Innsbruck geschehen müssen, folglich, kraft östreichischer Privilegien, weiter nicht zu appelliren sei.

Der schwäbische Kreis, der diese Erklärung sehr unbefriedigend findet, und vom Reichstage an das Kammergericht zu rechtlichem Austrage und Erkenntniß verwiesen wird, faßt den Entschluß, den Weg Rechtes zu ergreifen und die Prozesse am Kammergericht auszuziehen. Er verfügt zugleich, daß indeß kein Stand oder Unterthan an die östreichischen Gerichte appelliren, noch Ladung oder Execution von dem Landgericht oder den östreichischen Gerichten annehmen, sondern daß jeder denselben sich mit Gewalt widersetzen solle, „damit der Stände Recht und Gerechtigkeiten und derselben Possessio vel quasi erhalten, sie davon mit der That nicht verdränget, und endlich gar per indirectum zu östreichischen Landsassen gemacht werden möchten" IV. 157. 158.

1559 und 1562

Vergl. dies Repertor., Abtheil. III. Abschn. 3. S. 209. 210. Abschn. 4. S. 24. 25. und Abtheil. IV. S. 140. 141.

1559 Die gemeine freie Ritterschaft und der Adel der fünf Viertel im Lande zu Schwaben, sammt ihren Mitverwandten, tragen auf dem Reichstage zu Augsburg ihre Beschwerden über verschiedene Fürsten und Stände vor, mit der Bitte, daß ihnen der Weg Rechtens eröffnet, und gleiches Recht und deſſen Exekution zugeſtanden, auch das Kammergericht angewieſen werde, auf ihre Anzeige und Klage Mandata de non offendendo nec amplius turbando unverzüglich zu erkennen IV. 159—162.

Bewegungen, durch die von der ſchwäbiſchen Reichsritterſchaft im Jahre 1560 zu Munderkingen errichtete, vom Kaiſer beſtätigte, Ritterordnung, und durch die kaiſerliche Beſtätigung aller Privilegien und Freiheiten der gedachten Ritterſchaft,

1562 fqq. veranlaſſet 454—457. V. 601. 602. 642—644.

1563 Die ſchwäbiſchen Kreisſtände verfertigen eine, auf die augsburgiſchen Reichsabſchiede von den Jahren 1555 und 1559 gegründete, Kreisverfaſſung und Exekutionsordnung. Durch dieſelbe hat der ſchwäbiſche Kreis unter allen Reichskreiſen die mehreſte Vollkommenheit erlangt. Sie iſt zugleich ein veſtes Band zwiſchen den, an Gerechtſamen, Würden, Stand, und Vermögen ſo ungleichen, Fürſten und Ständen des ſchwäbiſchen Kreiſes, hat auch den Nutzen, daß in Kriegszeiten, der ſo großen Anzal der Stände dieſes Kreiſes ungeachtet, auf deſſen Contingent und Beitrag gemeiniglich am ſicherſten gerechnet werden kann V. 607. 608.

Die ſchwäbiſche Reichsritterſchaft ſucht bei dem Kaiſer um ein neues Privilegium an, 1) wegen der Jagden; 2) wegen der, den Fürſten zugehörigen, auf den Gütern des Adels wohnenden leibeigenen Leute, über welche die Fürſten den Edelleuten, als Gutsherren, das BeſteuerungsRecht nicht geſtatten wollen, weil dieſes Recht ehedem auf der Leibeigenſchaft haftete; 3) wegen der Zollfreiheit: die verlangte der Adel — 645.

Vergl.: Weißenhorn.

Schwarzburg.

Grafen: ſ. dies Repertor., Abtheil. V. Tab. XI.

Schwe-

Sechste Abtheil. 1558 bis 1564. 135

Schweden.

Könige:

Gustav der I. Ericson Wasa, † 1560. Gem.: a) 1531 Katharina, des Herzogs Magnus des I. (II.) zu Sachsen-Lauenburg Tochter, † 1535. b) 1536 Margareta, Abrahams Ericson Leionhufwud Tochter, † 1551. c) 1552 Katharina, Gustav's Stiesson, Freiherrn von Torpa, Tochter, †.....

1) **Erich der XIV.,** König 1560, entthronet und gefangen 1568, vergiftet 1577 (1578).

b) Katharina, † ..... Gem.: 1558 Edzard der II., Graf von Ostfriesland, † 1599.

b) **Johann der II.,** König 1568, † 1592.

Söhne.

b) Magnus, Herzog von Ostgothland, wird blödsinnig, † 1595.

b) Karl der IX., Reichsverweser 1599, König 1604, † 1611.

Töchter.

b) Cecilia, † 1627. Gem.: 1564 Christoph, Markgraf zu Baden-Rodemachern, † 1575.

b) Anna Maria, Gem.: 1563 Johann, † 1592.

b) Sophia, † 1591. Gem.: 1568 Magnus der II. (III.) Herzog zu Sachsen-Lauenburg, † 1603.

b) Elisabet, † 1597. Gem.: 1581 Christoph, Herzog zu Mecklenburg, Bischof zu Ratzeburg, † 1592.

Schwerdt

SchwerdtbrüderOrden.
Herrnmeister:
Wilhelm von Fürstenberg.
Gotthard Kettler.

Segovia.
Bischof:
..... Ayala V. 176. 226. 271. 275. 276. 419. 517.

Seld (Dr. Georg Siegmund), ReichsVicekanzler, vertheidiget, so ein eifriger Katholik er übrigens ist, in einer vortrefflichen 1558 Staatsschrift mit eben so viel Gründlichkeit, als Muthe, die kaiserliche Hoheit gegen die Anmaßungen des päpstlichen Stuhls, und zeigt, wie klein der römische Bischof anfangs gewesen sei, und durch welche Kunstgriffe er allmälig Herrschaften und Güter erworben und sich eine so große geistliche und weltliche Gewalt verschafft habe. Am Schlusse dieses „Rathschlages„ führt er das öffentliche Urtheil der ganzen Christenheit von dem damaligen Papste Paullus dem Vierten an. Es lautet so: Der Papst hat seine, kaum achtzehn bis zwanzig jährigen, Nepoten zu Kardinälen und Bischöfen gemacht, da sie doch zu Kriegsmännern geschickter wären und nicht einmal latein verstehen; sic haben die reichsten Pfründen, andere, fromme und gelehrte, Kardinäle müssen darben. Verschickt der Papst seine Nepoten in Gesandtschaften, so muß die päpstliche Kammer zu „ihrem unmenschlichen Prachte„ so viel Geld hergeben, daß ein ganzes KardinalsCollegium davon unterhalten werden könnte; andere hingegen müssen bei Legationen das Ihrige zusetzen, ja fast Hunger leiden. Der Papst schmälert die Gerechtigkeiten und Einkünfte der alten Officien und legt solche den neuen Officien, mit

Sechste Abtheil. 1558 bis 1564. 137

mit welchen die Nepoten versehen werden, zu —
Um seine weltliche Nepoten zu mächtigen Fürsten,
Markgrafen, Herzogen, ja gar Königen zu erschaffen, scheuet er sich nicht, anderen, ehrlichen alten
Familien das Ihrige gewaltsam zu nehmen, hiedurch den Frieden der Kirche zu stören, die mächtigsten christlichen Potentaten mit in's Spiel zu
ziehen, und sie gegen einander zu verhetzen; die
Folgen hievon sind, daß die Unterthanen ausgesogen
worden, im Kirchenstaate Theurung und Hungersnoth entstanden, und Rom beinahe wieder in den
Zustand gestürzt ist, in welchem es im Jahre 1527
sich befand — Paullus der Vierte folgt blos seinem eigensinnigen Kopfe, und kann auch die bescheidensten Einreden nicht vertragen, fährt die
Kardinäle, die ihm Vorstellungen thun, hart an,
schilt sie „Bestien und Narren„ — er läßt das
Consistorium zu Zeiten von Soldaten mit geladenem Gewehr und brennender Zündruthe besetzen —
hält einige Kardinäle im Kastell S. Angelo gefangen, damit sie, wie er selbst sich hat verlauten lassen, nach seinem Absterben nicht zum Pontifikate
gelangen mögen, will also, wo möglich, noch nach
seinem Tode forttyrannisiren — untersteht sich,
einigen Potentaten die Provisionen ihrer Bißthümer zu entziehen — sperret sich bisweilen in seine
Lusthäuser ein und verweiset alle Ausfertigungen
an seine KardinalNepoten, gibt hiedurch sowol,
als durch andere Maßregeln und Aeußerungen zu
erkennen, daß er den Nepoten die Nachfolge im
Papstthume zuwenden wolle — hat zwar, bei dem
Antritte seiner Regierung, in prächtigen Worten
Vieles vom Unternehmen einer Reformirung in der
Kirche geschwatzt, aber, außer der Verdoppelung oder Verlegung einiger HeiligenFeste, und
der Aenderung der PriesterGebete im Breviar,

J 5 nichts

nichts gethan, und hieburch sich bei den Unkatho-
lischen lächerlich gemacht — hat die von seinen
Vorgängern ertheilte Dispensationen der Ordens-
leute und der unehelich Gebornen aufgehoben, und
hieburch den Verdacht erregt, daß er selbst von
der päpstlichen Gewalt nicht viel halten müsse, oder,
daß seine Absicht sei, man solle jene Dispensationen
ihm von neuem abkaufen — kümmert sich um die
Herstellung von Zucht und Ehrbarkeit, Abschaffung
der Simonie und anderer Laster, Beförderung des
Friedens und frommer Lehre ꝛc. im mindesten nicht,
hat vielmehr die Gesandten einiger großen Potentaten für Ketzer ausgeschrieen, mit der, allem
Völkerrechte zuwiderlaufenden Bedrohung, sie ver-
brennen zu lassen, ob sie gleich von Jedermann für
gute Katholiken gehalten werden — läßt dem Kaiser Karl dem V., der für einen bessern Christen
galt, als der Papst selbst seyn mag, in der Erde
nicht einmal Ruhe — hat neuerlich sich angemaßt,
durch seine sogenannte Inquisition viele vortreffliche
und gelehrte Leute, sammt ihren Schriften, als
ketzerisch, zu verdammen, da sie doch bisher überall
für „recht katholisch„ gehalten, und dem Papste
wol nur deswegen mißfällig sind, weil sie dem römischen Stuhle nicht in allen Stücken Weihrauch
streuen, und ihn nicht über Gott selbst erhöhen
wollen — Er soll zu Zeiten aus geringfügigen
Ursachen in solchem Grade zornig und ungedulbig
werden, daß er die Kardinäle mit Stockschlägen
regaliret, welches denn Manche für eine Anzeige
halten, daß Se. Heiligkeit „nicht mehr bei Ver-
nunft und Sinnen sind„ — III. 530—556.

Semgallen; s.: Kurland.

Sechste Abtheil. 1558 bis 1564.

Seripandus (Hieron.),
Bischof zu Salerno, Kardinallegat auf dem Concilium zu Trident,
1563 März stirbt, und alle Rechtschaffenen weinen ihm nach V. 339.

Siebenbürgen
Wojewode:
Johann Siegmund von Zapolia IV. 560 †).

Sigmaringen
Graf zu —: s.: Zollern.

Silva
Ruy Gomez de — s.: Melita.

Simmern
Pfalzgrafen zu — s.: dies Repertor., Abtheil. V. Tab. VIII.

Solms.
Grafen:
Reinhard IV. 8. 201. 202.
Philipp 8.
Friederich Magnus 8.

Sonnius (Franz)
1558 wird vom Könige Philipp dem II. nach Rom geschickt, um die päpstliche Einwilligung zu der beschlossenen Veränderung der Hierarchie in den Niederlanden auszuwirken; betreibt diese Angelegenheit eifrig und
1559 mit glücklichem Erfolge; erhält, zur Belohnung,
1562 das Bißthum Herzogenbusch, und in der Folge
(1570) das Bißthum Antwerpen IV. 266. 267. 276. 277.

Spanien.
König; s. Oestreich.

Speier.
Versammlungen:
1560 März 17 und Sept. 22 Außerordentliche ReichsDeputation, wegen der Justiz- und KammergerichtsSachen. Sie geht, ohne

ohne ihre Absicht erreicht zu haben, aus einander IV. 284. 285.

1560 Sept. Außerordentliche ReichsDeputation, wegen der liefländischen Händel 286. 287.

1560 Sept. 21 Städtetag, auf welchem unterschiedliches, das Interesse der Reichsstädte Betreffende, in Ueberlegung gezogen und beschlossen wird 287—289.

Bischöfe:

† 1560 Rudolf von Frankenstein.
(† 1581) Marquard von Hattstein.

Stablo

Abt zu — f.: Prüm.

Städte.

1559 Auf dem Reichstage zu Augsburg wird den Reichsstädten in Ansehung ihrer, von den beiden höheren ReichsCollegien vorher angefochtenen *), Standschaft, Stimme, und Session viel Vorzügliches und ihren Befugnissen Entsprechendes zugestanden IV. 167—170.

Vergl. übrigens: Kurfürsten.

Stein (Wilhelm vom); f.: Grumbach.

Steinfurt

Graf zu — f.: Bentheim.

Stolberg, Königstein, und Wertheim.

Grafen:

Ludewig IV. 8. 151. 291. 320. 449. 451. V. 129. VI. 40.
Albrecht Georg IV. 8. 151.
Wolfgang 151.

Stolpen.

Die Auswechselung dieses StiftMeißenschen Amts gegen Stadt und Amt Mühlberg betreffend; f.: Sachsen.

Stoß

*) f. dies Repertor., Abtheil. V. S. 349—351.

Sechste Abtheil. 1558 bis 1564.

Stoß (Veit),
kaiserlicher HofKanzleiSchreiber, hat die geheimen Unterhandlungen des kaiserlichen Hofes zur Beförderung der Erwählung Maximilian des II. zum römischen Könige gesammelt, und der große Publicist Moser hat solche bekannt gemacht IV. 468.

Strasburg.
Bischof:
(† 1568) Erasmus, Schenk und Semperfrei von Limburg.

Strigelius (Victorin),
Professor in Jena, wird, nebst dem dasigen Superintendenten Andreas Hugelius, weil sie das sächsische Confutationsbuch nicht unterschreiben 1559 wollen, auf Grimmenstein gefangen gesetzt; doch erhalten beide nach einiger Zeit ihre Freiheit wieder IV. 298. 299.

Stropiana
Graf von —: Thomas Langusco III. 596.

Stuttgard.
Versammlung:
1559 Dec. 19 der wirtembergischen Gottesgelehrten, welche sich über ein, nachher gedrucktes, Glaubensbekenntniß von der wahrhaften Gegenwart des Leibes und Blutes Christi im heil. Abendmahle mit einander vergleichen IV. 300. 301.

Sulmone.
Bischof:
..... Zambeccarius V. 564.

Sulz.
Graf:
Wilhelm IV. 8.

Tanne (Eberhard von der);
s.: Kammergericht.

Taxa Sacrae Poenitentiariae; f.: **Religions- und KirchenSachen.**

Taxis (Leonhard von)
1563 bekommt vom Kaiser Ferdinand die Bestätigung des von Karl dem V. im Jahre 1543 erhaltenen BestallungsBriefes über das Ober- und GeneralPostmeisterAmt im H. R. R., in den kaiserlichen Erblanden, und den Niederlanden V. 591.

Tecklenburg
Graf zu — f.: Bentheim.

Teleso
Bischof von —:
Angelus Massarellus IV. 400.

Tenczin
Graf von —:
Andreas IV. 447.

Teutscher Orden.
Teutschmeister:
(† 1566) Wolfgang Schutzbar, genannt von Milchling.

Teutschland
1561 verlieret ganz Liefland, also eine sehr ansehnliche Provinz, die man bisher noch immer zum teutschen Reiche gerechnet hatte, und deren Stände auf den teutschen Reichstägen von Zeit zu Zeit zu erscheinen pflegten IV. 421—444.

Tina in Dalmatien.
Bischof:
Andreas Dudith Sbardelatus, nachher Bischof zu Fünfkirchen, ein großer Redner und starker Latinist V. 141. 154. 155. 221 *). 223.

Anmerkung: Dieser berühmte Gelehrte war bekanntlich aus dem adelichen Geschlechte Hoherowicza zu Ofen am 6ten Februar 1533 geboren;

er

Sechste Abtheil. 1558 bis 1564.

er heißt auch, von seinem mütterlichen Geschlechte, Sbardellat. Er wurde im Jahre 1561 Bischof zu Tina, 1563 Bischof zu Chanab, dann zu Fünfkirchen. Im J. 1565 wurde er vom Kaiser als Gesandter nach Polen geschickt. Er begab sich, nachdem er geheirathet hatte, im J. 1567 seiner Ehrenstelle, wurde vom Papst exkommuniciret und heftig verfolgt, kümmerte sich aber darum nicht — Er ließ sich zu Krakau nieder; war der Kaiser Ferdinand des I., Maximilian des II., und Rudolf des II. Rath. Er neigte, nach seiner Abtretung von der römischen Kirche, sich sehr auf die Seite der Socinianer, lebte aber nachher, und starb in der Gemeinschaft der Lutheraner; ist übrigens des Atheismus, Epikureismus, und Skepticismus beschuldiget worden. Von Krakau ist er nach Mähren, und dann nach Breslau gegangen. Er starb am 23sten Februar 1589. Von seinen Schriften ist in der Fürstlichen Bibliothek zu Wolfenbüttel unter andern: „De Cometarum significatione commentariolus etc. Basileae Ex Officina Petri Pernę. Anno 1579. 4to.,, Eine seltene Ausgabe.

Trident.
Versammlung:

1562. 1563.
Reassumirtes Concilium — Es wird in Teutschland von dem Kaiser und den katholischen Kurfürsten, Fürsten, und Ständen angenommen; die Protestanten verwerfen es natürlicher Weise, da es die von ihnen angefochtenen Lehren und Mißbräuche, deren Besserung und Abstellung sie foderten, bestätiget hat. Der Kaiser und das Reich wünschten, durch das tridentische Concilium die Einigkeit in ReligionsSachen herzustellen. Diese Absicht ist gänzlich verfehlet, ja, die zu Trident abgefaßten Dekrete haben die Erreichung derselben unmög-

unmöglich gemacht — Frankreich nimmt dieses Concilium nicht an, wie es denn überhaupt von den Katholiken selbst nicht für vollgültig geachtet wird. Man pflegte, während der Dauer desselben, sowol zu Tridentals anderer Orten zu sagen: „Der von den Vätern des Conciliums gerühmte heilige Geist werde von Rom im Felleisen gebracht, und könne, wenn die Flüsse sich ergossen hätten, nicht eher überkommen, als, nachdem das Wasser gefallen wäre„ — V. 132—587.

Quellen und Hülfsmittel zur Geschichte dieses Conciliums 588. 589.

Vergl.: **Buoncompagno; Ferriere; Pius der IV.**

Bischof:

Christoph *) Madruzzi (Freiherr von Madruß),
(† 1578) Kardinal, auch Administrator zu Brixen.

Trier.

1559 Unruhen zu Trier, wegen Einführung der evangelisch-reformirten Religion, vom Kaspar Olevianus veranlaßt; die Stadt Trier leidet hiedurch nicht wenig, die vorgewesene Reformation aber wird in der Geburt erstickt — IV. 225—231.

Erzbischof und Kurfürst:

(† 1567) Johann der VI., von Leyen.

Türken.
Groß Sultan:

(† 1566) Suleimann der Zweite.

Tull.

Der dasige Bischof Toussaint von Hoceby tritt dem Herzoge Karl dem III. von Lothringen alle in seinem Bißthume ihm zuständige Regalien feierlich 1562 ab IV. 452. VI. 65.

Das

*) In IV. 4. und 120. wird er aus Versehen **Ludewig** genennet. So hieß sein unmittelbarer Nachfolger.

Sechste Abtheil. 1558 bis 1564.

Das Domkapitel zu Tull sowol, als auch der kaiserliche und ReichsFiskal regen sich hiewider. Die verwitwete Herzogin Christina von Lothringen bittet
1564 den Kaiser um seine Einwilligung, bekommt aber zur Antwort, es laufe wider seine Pflicht, Veräußerungen von Gütern und Regalien, die dem Reiche gehörten, ohne Vorwissen und Bewilligung der Reichsstände zu genehmigen VI. 65. 66.
Uebrigens s.: Metz.

Ulm.
Versammlungen:
1559 und 1562 der Stände des schwäbischen Kreises; wegen der Vertheidigungsmittel wider die Anmaßungen des kaiserlichen Landgerichts in Schwaben IV. 158.
1562 eben derselben; auf welchen Kreistägen unter andern über eine nähere Zusammensetzung und Hülfsleistung der schwäbischen Reichsritterschaft und des Kreises, zu besserer Erhaltung des Landfriedens, fruchtlos gehandelt wird 454. 455.
1563 derselben; auf welchem Kreistage unter andern über das Münzwesen gerathschlaget, und die von den schwäbischen Kreisständen angeordnete Kreisverfassung und Exekutionsordnung verabschiedet und besiegelt wird V. 596. 597. 607.

Ursperg
Abt zu —:
Thomas ..... IV. 7.

Utrecht
Erzbischof zu —:
Friederich Schenck von Tautenburg IV. 275.

Veglia in Dalmatien.
Bischof:
Duimius V. 238. 302.

Veldenz;
Pfalzgraf zu — f.: dies Repertor., Abtheil. V. Tab. VIII.

Verden.
Versammlung:
1562 VerhörTag in den Bremenschen Händeln, welche in der siebenten Abtheilung dieses Repertoriums vorkommen werden VI. 358.

Verdun; f.: Metz.

Verona.
Bischof:
Navagerius V. 442. 496. 571.

Vesti.
Bischof:
Hugo Buoncompagno V. 578—580.

Vienne
Erzbischof zu —:
Karl von Marillac IV. 117.

Vierraden
Grafen zu — f.: Hohenstein.

Vilna.
Versammlung:
1561 Oct. und Nov. Zusammenkunft des Königs Siegmund August von Polen und der litauenschen Magnaten mit dem Erzbischofe Wilhelm von Riga, dem Herrnmeister Gotthard Kettler, und den Bevollmächtigten der liefländischen Ritterschaft und Landschaft; wegen der Unterwerfung Lieflandes unter polnische Hoheit. Wesentlicher Inhalt des UnterwerfungsVertrages: Die Unterwerfung Lieflandes soll dem Lande keine Verdrüßlichkeiten vom römischen Reiche zuziehen. Die evangelische Religion soll, nach Maßgebung der augsburgischen Confession, ungekränkt bleiben.

Alle

Sechste Abtheil. 1558 bis 1564.

Alle Gerechtigkeiten, Lehen, Privilegien, die Erbfolge des männlichen und weiblichen Geschlechts, imgleichen alle Superiorität, Vorzüge, Würden, Besitze, Freiheiten, Verträge, Willkür und Immunitäten, ja die ganze Jurisdiction nach den alten Gesetzen und Gewohnheiten, werden bestätiget, und mit neuen Privilegien vermehret. Die königlichen Gerichte und Aemter sollen, nach dem Muster des Herzogthums Preußen, aus dem teutschen und liefländischen Adel, die Stadtgerichte aber aus den Angesessenen von der Bürgerschaft, besetzt werden. Der Herrnmeister Gotthard Kettler wird, für sich und seine männliche Nachkommen, zum Herzog von Kurland und Semgallen erkläret. Die Gränzen seines Landes, welches er vom Könige von Polen zu Lehen nehmen soll, werden so bestimmt, daß Alles, was diesseits der Düna, zwischen Samogitien und Litauen, dem Orden zugehöret, dem Herzoge zufallen, das jenseits der Düna liegende aber, und besonders die Stadt Riga, der Krone Polen zuständig seyn soll. Der königliche Burggraf zu Riga soll aus dem Stadtrathe erwählet, und zu Danzig vom Könige bestätiget werden, auch ihm schwören. Der Herzog von Kurland wird zum Statthalter des Erzstiftes Riga ernennet, und behält die Stiftsgüter des Bißthums Kurland oder Pilten, für welchen Abgang der Herzog Magnus mit den Schlössern Sonneburg, Leal, und Hapsal befriediget werden soll. Der Herzog von Kurland hat das Recht, auf der Hälfte der Düna zu fischen — Auf seinen Münzen soll der Herzog, auf den Avers das Bild des Königs von Polen, oder das polnische Reichswappen, und auf den Revers sein eignes Bildniß, oder das kettlersche Wappen, prägen lassen. Der Herzog hat die Macht, einige Aemter zu verkaufen oder zu verpfänden; doch behält, auf eintretenden Fall, der König sich das Näherrecht vor. Wenn der König die Provinz Ehstland in seine Gewalt bekommt; so soll der Herzog die Hälfte derselben, nach Abzug der Kriegskosten, erhalten — Die Juden sollen von Handel und Pachtungen in Liefland gänzlich ausgeschlossen seyn IV. 437—442.

Vintimiglia.
Bischof:
Karl Visconti V. 185. 186. 194. 200. 231. 237. 249. 289. 292. 305. 310. 322. 323. 347. 354. 355. 390. 391. 475. 525.

Visconti (Karl),
Bischof von Vintimiglia, nachher Kardinal, ein Vetter des Kardinals Borromäus, wird vom 1562 Papste nach Trident geschickt, um von dem Zustande des dasigen Conciliums sichere Nachricht einzuziehen. Seine Briefe sind in der Geschichte dieser Kirchenversammlung unentbehrlich V. 185. 186.

Viterbo.
Bischof:
Gualterius V. 282—284. 292. 312. 339. 347. 388. 402—404. 429. 431. 441—443.

Vogtland; s.: Reuß, und: Sachsen.

Waldeck.
Grafen:
Philipp der Aeltere } IV. 9.
Vollrath

Weimar.
Versammlungen:
1558 der thüringenschen oder fürstlichsächsischen Theologen; wegen des Frankfurter Recesses III. 476.

eben

Sechste Abtheil. 1558 bis 1564.

1558 eben derselben; wegen des magdeburgischen sogenannten CondemnationsTages 487.

Weingarten und Ochsenhausen.
Abt:
Gerwig ..... IV. 7. VI. 40.

Weißenburg
Propst:
Rudolf-von Frankenstein, Bischof zu Speier IV. 5.

Weißenhorn.
Versammlung:
1564 der schwäbischen Reichsritterschaft. Etwa dreißig Edelleute treten hier der neuen RitterOrdnung bei; viele andere aber fassen den Entschluß, sich lieber mit den Kreisständen zu vergleichen, als, der RitterOrdnung sich zu unterwerfen. Die Anhänger an diese Ordnung äußern nämlich die Absicht, in allen ihren Besitzungen alle nur ersinnliche Obrigkeit und Herrlichkeit allein, wie ein Kurfürst oder Fürst in seinem Lande, auszuüben, und, mit Hintansetzung ihrer Lehenherren, niemanden, als den Kaiser, für ihren Herrn und Obern zu erkennen. Das finden denn doch Viele bedenklich — V. 644. 645.

Wenden.
Versammlung:
1558 der liefländischen Stände; wegen der Streitigkeiten mit Rußland IV. 127. 128.

Werden und Helmstädt
Abt zu —:
Hermann ..... IV. 7.

Wermeland.
Bischof von —:
Stanislaw Hosius, Kardinal IV. 252. 253. 339. 390. 399. V. 155. 161. 226. 352. 362. 454. 466. 496. 522. 529. 548. 549. 572.

Wertheim
Grafen zu — f.: Stolberg.
Wied.
Graf:
Johann IV. 8.
Wien.
Versammlungen:

1558
Aug. 16
bis
Oct. 6
Vom Kaiser selbst eröffneter Congreß der Bevollmächtigten des Hauses Brandenburg, und der fränkischen Einigungsverwandten, nebst den beiderseitigen Beiständern, in welchem der Vertrag zwischen dem Hause Brandenburg und den fränkischen Einigungsverwandten geschlossen wird III. 568 — 576.

1562 Landtag; wegen einer von den östreichischen Landständen unter der Ens zu entrichtenden Beisteuer zum Türkenkriege. Die Stände erklären, daß sie solche nur unter der Bedingung, daß ihren Religionsbeschwerden abgeholfen, und ihre Lehre nach der Vorschrift der augsburgischen Confession ihnen frei gelassen werde, bewilligen können V. 188. 189.

Wigand ( ); f.: Magdeburg.

Wilda.

Daselbst zwischen dem Könige von Polen und den Liefländern

1559
Sept. 3
geschlossener Traktat: Der König verbindet sich zu aller Hülfeleistung wider die Russen. Dagegen verpfänden ihm und der Krone Polen der Erzbischof von Riga die Schlösser Lenewarden, Marienhausen, Berson, und Luban, der Herrnmeister des SchwerdtbrüderOrdens aber ein Stück von Alcheraden, nebst den Schlössern Lutzen, Rositen, Dünaburg, Seleburg, und Bauschkenburg. Die Einlösung steht dem Erzbischofe
mit

Sechste Abtheil. 1558 bis 1564.

mit 100000, und dem Herrnmeister mit 600000 Gulden, jeden zu 24 Groschen litauisch gerechnet, frei. Erhält Liefland bald Frieden, so will der König sich mit einer geringern Erstattung begnügen — Ein Traktat, der den Liefländern den gehofften Nutzen nicht verschafft hat IV. 422. 424.

Wild- und Rheingrafen:
Otto IV. 291.
† 1561 Philipp 320.
Philipp 465. 496—499. 538.

Wilhelm der I.,
Prinz von Oranien, faßt, obgleich noch öffentlich Katholik, den Entschluß, daß er sich dem Entwurfe, die sogenannte Ketzerei in den Niederlanden
1559 zu unterdrücken, widersetzen wolle; wird Statthalter über Holland, Seeland, Utrecht, Westfrießland, Voorne und Briel, und nachher auch noch
1560 über die Grafschaft Burgund; gehört zu den vornehmsten niederländischen Mißvergnügten, und ist besonders Granvella's Feind IV. 263. 268. 269. 279. 280.

Windsheim.
Versammlung:
1561 Fränkischer Kreistag, auf welchem unter andern vom Münzwesen gehandelt wird IV. 417.

Wirtemberg.
Der Herzog Christoph von Wirtemberg verlangt
1558 vom Kaiser Ferdinand, daß er ihn mit den Regalien des Fürstenthums Wirtemberg belehnen möge, weil nach dem Buchstaben des kadanschen Vertrages *) nur das Herzogthum zu einem Afterlehen gemacht worden, die Regalien, Sitz und Stimme in dem Reiche aber diesem vorbehalten wären. Der Kaiser schlägt die Belehnung ab, „weil sie dem

*) s. dies Repertor., Abtheil. V. S. 158—160.

dem Erzhause Oestreich in etwas nachtheilig, und es nicht schicklich sei, daß die Erzherzoge das Fürstenthum, und die Herzoge von Wirtemberg, als jener Vasallen, die Regalien des Fürstenthums von dem Kaiser und Reiche empfangen sollten." Doch verspricht der Kaiser, daß der Herzog und seine Nachkommen bei Stand und Stimme im Reiche ungekränkt bleiben sollen. Ob nun gleich der Herzog sein Gesuch wiederholet, mit der Vorstellung: Ihm sei in allen bisherigen Verträgen Sitz und Standschaft im Reiche, auch der Bann über das Blut zu richten, und die Reichssturmfahne vorbehalten worden; Er müsse also hiemit belehnet werden: so beharret doch der Kaiser auf seinem Entschlusse — III. 448.

Herzog: Christoph.

Wirzburg.

Dieses Hochstift hat durch den markgräflichen Krieg und dessen Folgen auf vier Millionen Gulden eingebüßet III. 576.

Die Stadt Wirzburg wird von Wilhelm von 1563 Grumbach überfallen V. 611.

Versammlung:
1562 der fränkischen Reichsritterschaft — IV. 457.

Bischöfe:
ermordet 1558 Melchior Zobel von Guttenberg.
(† 1573) Friederich von Wirsberg.

Witgenstein

Grafen zu — s.: Sayn.

Wolle.

Die Ausfuhr derselben betreffend; s.: Polizeiwesen.

Worms.

Sechste Abtheil. 1558 bis 1564.

Worms.

Versammlung:

1564 ReichsDeputationstag; wegen genauerer Beobachtung des Landfriedens und der Exekutionsordnung. Zur Erreichung dieser Absicht wird unter andern die Unterhaltung von 1500 Reitern auf gemeine Reichskosten für's erste verwilliget. Obgleich in dem Deputationsabschiede der Grumbachschen Händel nicht namentlich gedacht ist; so hatte man die doch hauptsächlich zum Augenmerke gehabt — Von jenen 1500 Reitern werden 1000 dem Kurfürsten zu Sachsen, und 500 dem Herzoge zu Jülich ꝛc. zugeordnet, mit der Anweisung, daß diese beiden Fürsten gleichsam die „obersten Handhaber und Beschirmer des gemeinen Friedens in Ober- und NiederTeutschland seyn, und, wenn von der Grumbachschen Rotte und ihren Eidsverwandten weiter im Reiche etwas unternommen würde, solchem gleich im ersten Anfange begegnen, und das aufglimmende Feuer, ehe es sich zu weit verbreite, dämpfen sollen„ VI. 40 — 54. 56. 57.

Anmerkung: Aus den im Fürstlichen HauptArchive zu Wolfenbüttel befindlichen Acten dieses ReichsDeputationstages zu Worms erhellet, daß auf demselben noch mehrere Materien, als die im Häberlinschen Werke angegebenen, vorgekommen, und gutentheils, wenigstens provisorisch, entschieden sind. Welche diese Sachen waren, und, wie darin erkannt wurde, zeigen die Dekrete, welche ich daher wörtlich mittheilen will. Die sehr weitläuftigen Supplikationen ꝛc. selbst aber, auf welche die Dekrete abgegeben sind, lasse ich weg, da man den wesentlichen Inhalt derselben aus den Dekreten siehet. Nur aus der Sache Ortenburg contra Baiern muß ich referiren, weil ihrer in den Dekreten nicht gedacht wird. Der Graf von Ortenburg

burg stellet der ReichsDeputation in seiner, am 28sten Februar 1564 verlesenen, Supplikation Folgendes vor: Er, der Graf, führt im Jahre 1563 in des heil. Reichs und seiner freien Grafschaft Ortenburg die evangelische Lehre augsburgischer Confession ein. Der Herzog Albrecht von Baiern fodert hierauf ihn nach München, verweiset ihm sein Unternehmen, und verlangt, daß er, als ein Landstand und Unterthan, sich der LandesReligion und KirchenOrdnung gemäß halten solle. Der Graf weigert sich, Gewissens, und der Lehenspflicht, die er gegen Kaiser und Reich hat, halber, diesem Befehle zu gehorchen. Nun sucht der Herzog ein anderes Mittel, ihn zu zwingen, hervor. Er fodert nämlich, kraft „etzlicher verlegener veraltter Brieffe„, die des Grafen Voraltern „verfertigt haben sollen„, daß der Graf ihm seine Häuser eröffne. Die Grafen zu Ortenburg sind aber von Alters her dem Reiche unmittelbar unterworfen gewesen, und der Herzog von Baiern kann für seine prätendirte landesfürstliche Obrigkeit über die uralte Grafschaft Ortenburg nichts anführen, als jene Briefe, welche vor länger als anderthalbhundert Jahren einigen Grafen zu Ortenburg, von einer abgestorbenen Linie, von einigen Herzogen in Baiern, von einer ebenfalls abgestorbenen Linie, abgedrungen sind. Auf des Herzogs Albrecht Erklärung, daß er sein Oeffnungs-Recht wolle gelten machen, hat der supplicirende Graf geantwortet: Er lasse jene am kaiserlichen Kammergerichte producirten Briefe in ihren Unwürden beruhen. Da aber die Herzoge von Baiern nie zum Besitze des prätendirten OeffnungsRechts und anderer, auf gedachte Dokumente sich gründenden, Dinge gekommen seien, und die Sache noch in Rechten schwebe; so wolle er, der Graf,

pen-

Sechste Abtheil. 1558 bis 1564.

pendente lite solcher Innovation oder Attentation sich nicht versehen — Dennoch beharret der Hertzog, „one zweiuel auf verhetzung etzlicher mißgunstigen vnd der Euangelischenn Religion widderwertigen „, auf seinem Ansinnen, und läßt am Neuén JahrsAbend 1564 durch seine Befehlshaber und Reiter den Grafen in seiner freyen Grafschafft mit gewapneter handt vberfallen, vnnd vber alles Rechts erpietten vnd bitten freuendtlich vergewaltigen , das Schloß Alten Ortenburg aufstoßen, einnehmen, und besetzen, läßt auch das Schloß NeuOrtenburg (Newen Orttenbergk) „gewaltiglich aufhawen, aufstoßen, vnd aufprechen „, und mehrere Gewaltthätigkeiten verüben, wie denn beide Schlösser noch jetzt mit baierischen Reitern und Schützen besetzt sind. Der Graf bittet daher um schleunige Hülfe.

Hinter dieser Ortenburgischen Schrift stehet: „Nota.„ „Sither der von Orttenberg Hie gewesen, hat der Hertzog von Beyern, mit gewapneter handt die Orttenbergische Predicanten langen, hinweg führen lassen p Man weiß noch nit wo hinauß Daruber vndtern Bottschafften der Euangelischen alhie nit wenig runkens Ist | .„

In dem, hart und spöttisch gegen Ortenburg abgefaßten, Schreiben des Herzogs Albrecht von Baiern an den Kaiser, d. d. „Munchenn denn 3 Februarij Anno dnj 1564„, abgelesen zu Worms am 28. Februar 1564, nennet der Herzog den Grafen zu Ortenburg, seinen „Lanndtsaß Joachim graue zu Ortenberg „. Er leugnet die Reichsunmittelbarkeit der Grafschaft Ortenburg, und sagt, der Graf habe einen „Sectischenn vnnd vfrurischenn predicanten, der sich gleichwoll der Augspurgischenn Confession ruhmet, aber seine falsche lehr allein zuuercleinerung vnd verachtung der Obrikeit, vnder deme

deme er auch ewer Key: Matt nicht verschönet, vnnd also zu vfrur vnnd vngehorsamb der vnberthánenn richtet„, aufgestellet. Der verführe die Unterthanen des Herzogs; der Herzog habe vergeblich verlangt, daß der Graf den Prädikanten abschaffen, oder wenigstens ihm befehlen solle, die Unterthanen des Herzogs nicht an sich zu ziehen. Darauf habe er, um seine Unterthanen desto besser im Zaume zu halten, die Häuser Alt- und NeuOrtenburg in Besitz nehmen lassen, wozu er ganz befugt sei — — In diesem Schreiben heißt es unter andern noch: „Vnd stehet er der predicant Jnn seinem Pantzer, vnd mit einer gespanten Buchßenn, vffim predigstuell, sagt eß sey zuerbarmenn, Daß mann Jnn etzlich hundert Jarenn Keinenn Christlichen Keißer nie gehabt, auch noch nit hab, Item der Babst sey der ennde Christ, Bischoff, pfaffenn, munch vnnd Nonnen, Deß teuffelß hoifgesindt, vnnd dergleichenn hollhieperey seint alle predig voll, vnnd wúkelt mir Je lennger Je mehr also meine vnderthanen auf, Dergestalt daß Jch mich zu lest bey Jnenn einig gemeinen auffstanndts nit wenig zu befarenn hette.|.„

In Ansehung der Grumbach'schen Händel melden die nach Worms abgeordneten Räthe des Landgrafen Philipp von Hessen: Johann Milchling von Schonstadt, Oberamtmann der Graffschaft Katzenelnbogen, Simon Bing, und Magister Heinrich Hundt, unterm 27. Februar 1564 ihrem Herrn Dieses: „Grumbachen belangende, wirdet Jm FurstenRath durchauß dahin vorirt, die Acht Jegen Jm zu exequirn, Sonderlich, dieweil er noch erst vnderstehen darf, seinen gethanen einfal, zu wurtzburgf, alß ob der recht wehre, zudefendiren, Auch so trotzlich anhero zuschreibenn, vnd zu

Sechste Abtheil. 1558 bis 1564.

zu brawenn p darvon wir dan verruckter weil e. f. g. Copey zugeschickt, welch schreiben sie Jm gar vbel außlegenn,

Im Churfursten Rath aber finden wir, daß mann Grumbachen gern wolt gunst erzeigen, wan man konte, Es wehr durch vnderhandelung, oder mit suspendirung der Acht, oder sonst,"

In den Dekreten wird unter andern der Beschwerden eines gewissen Wolf Mülich gedacht; worin die bestanden haben, finde ich nicht —

„Decreta."

„Vf allerley Supplicationes so zu Wormbs einkhommen."

„Als die Rom: Key: Mat: vnser aller genedigster Herr, allergenedigst begeren vnd beuehlen lassen, auß aller handt bewegenden vrsachen, die Churfursten der Deputierten Fursten vnd Stende, Rethe, vermoge, der Jnn Anno p. 55 vnd 59 vfgerichten abschiedts zusamen zubeschreiben, wie dann beschehen, vnd derselben Chur, Fursten vnd Stende Rethe alhie zue Wormbs denn vierten Februarij erschienen seindt, Denselben verordneten nachuolgende Supplication furbracht, wilche Jnn gemein verleßen, vnd darauf bedacht werdenn wie volgt,

Erstlich haben Sigmundt Fuchs Senior, Andreaß von Thungen Probst zue S: Burcartt, Albrecht Herr zue LimPurg deß heiligen Romischen Reichs Erbschenck Semper frey, Johann Adam von Grumbach Custos, Eraßmus Newstetter Sturmer genant, Probst zue Hauge, Pangratius von Rabennstein, alle Thumbherren zue Wurtzburgk, Valttin von Munster Ritter, Hans Zobell von vnd zu Gibelstatt, vnd Christoff von Erthall Marschalk, als Hinderlassene Statthalter vnd Rethe, so Jn dem Grumbachischen vertrag Zue Wurtzburg begriffenn,

fenn, Clagende furbracht, als **Wilhelm von Grumbach** Den vierttenOctobris verfloßenen 63 Jars die Statt Wurtzburgk feindtlich eingenommen, Burgermeister Rath, vnd gantze Burgerschafft Jnn sein Pflicht bracht, Jr vnd anderer geistlichen vnd Welttlichenn Houe, zum Eussersten vnd genausten geplundert, Auch endtlich dahin gedrungen, Das sie sich abwesens Jres genedigen Herren von Wurtzburgs Zuuerhuetung beuorstehender vnd betrawettenn Bluttvergiessen, Mortt Jammer vnd Elendt, auch deß endtlichen verderbens vnd vndtergangs Der gantzen Statt vnd Landtschafft Jn ein gezwungener vorgeschriebenen, vnd nach allen, deß von Grumbachs, vnd seiner anhanger gefallen vertrag einlassen mussen, wie dann derselbig vertrag furgelegt worden,

Darauf dann er Wilhelm von Grumbach den 8. Octobris die Statt Wurtzburg geraumbt, Hochgedachter Bischoff widderumb Jnheimsch khommen, vnd aller verlauffener sonderlich deß vertrags handlung berichtet, Dessen Jr f. gl. wol zufrieden geweßenn, den vertrag angenommen, und Jr gefallen lassen, Wie dann derselbig verfertigt, Aber

auß vrsachen, Jnmittels die Key: Mat: ein achtsercleruug, Caßation bemelts vertrags Jnhibition vnnd Mandata, widder Wilhelmen von Grumbach außgehen, vnd durch Engene Bottschafft Jnsinuiren lassen, nit Jnn Würflichkeit kommenn, auch Jre der Rethe verpittschierten Nottell, von Grumbachen nit erledbigt, oder erlangt werden mogen, Sondern weytter bedrawet, Wo die achtsercleruug Caßation vnd Jnhibition, durch sie nit abgeschafft, das sie allen Den Jenigen, So Jme Grumbachen Jn dißer sachenn gedienet mit Jren Pflichten vor Nottarien vnd zeugen zu derselben freyen zugang,

vnd

Sechſte Abtheil. 1558 biß 1564.

vnd ſicherung In Jre hende geſtelt werden ſoltten p. welches Jnen nit allein an Leib vnd gutt, Sondern auch an Jren wol HergePrachten ehren vnd gutten Namen, vnnd Darzu Jrer Ehrliebenden freundtſchafft khindernn vnd verwandten, zum Hochſten nachtheillig ſchwerlich vnd verletzlich ſein vnd fallen wurde.

Dieweil dann die Key: Mat: wie gemelt vf Die Caſſation deß vertrags bringt, vnd Jrer Mat: In dem Pillich zugehorſamen, Damit ſie dann Dißes laſts endtledigt fur fernerm vnrath, nachtheil vnd ſchaden oder letzung Jrer ehren gefribiget vnd geſichert bleibenn mögen,

So bitten ſie ſolche hochwichtige beſchwerliche ſachenn vnd hendel, neben den Key: Commiſſarien zubehertzigen, vf mittell vnd wege zuerichten, vnd befurdern helffen, Damit die heuptſach, vnnd weß ſich darundter zugetragenn dahin gerichtet, Das derſelben einmal abgeholffenn, vnd ſie ferner vngenottiget, vngemanet, vnnd vngeſchendet ſein vnnd bleibenn, Auch Inn dem Landt zue Frankhen beſtendiger friedt, ruhe vnd Einigkheit gepflantzet, vnnd erhaltten moge werdenn,

Hierauf ſoll denn Supplicanten, von wegen Der erſcheinenden Churfurſten, Furſtenn vnd Stende Rethe vnd Bottſchafften, Inn antwortt angetzeiget werden, Das difes Werk, Inn alhieiger Berathſchlagung vf der Key: Mat: Propoſition auch mit eingetzogenn, Was nun In ſolcher Berathſchlagung furgangen, vnd den Key: Commiſſarien, von wegen der Rethe vnd Bottſchafften furbracht, Das werde ſich Inn demſelbigenn alles Imhalts Befinden,

den, auß dem sie, vnnd weß sonst Ir gelegenheit sein wolle, sich werden endtsinnen vnd denn außgangenen Keÿ: achterclerungen, Mandaten, Cassationen, Jnhibitionen p. gemeß, Zuhaltten wissenn p.

Es haben auch der Rom: Keÿ: Mat: verordneten Commißarien, der deputierten Churfl. fursten vnd Stende Rethen vnd gesandten, deß Nidderlendischen vnd WestPhalischenn Kreiß Stennde anbringen lassen, Was massen der HochgePorne Furst Herr Erich Herßog zu Braunschweigk p. Denn Hochwurdigen Fursten Herren Berntharten Bischoffenn Zue Munster, mit einer anßal kriegsvolk zue Roß vnd fueß, vberzogen, dessen Ritterschafft vnd landschafft einen großen brandtschaß vnd ansehendtliche Summa geldts sambt einem hochbeschwerlichenn vertrag abgenottigt, Darburch gemeine Stende verursacht, zue abwendung beuorstehender gefahrlichheit, sich mit einem ansehendtlichenn Kriegsvolk mit großem coisten vnd schaden, gefast Zumachen, mit genedigem begeren, Nach(dem) Jn den Reichsabschieden versehenn, Das solche vncosten nit allein, von den friedtbrechern verricht, Sonder auch vndter die aufgeforderte vnd sambtlich kreiß außgetheilt werdenn solle, Das

demnach bey der Keÿ: Mat: vnd sonst von wegen deß heiligenn Reichs die fursehung geschehe, Damit der angeßogene vertrag Cassirt, Dem Stifft Munster Der abgedrungene brandtschaßung, vnd außgelegt geldt, auch vfgewendter Vncoist erstattet, Vnnd hinfurtter gutter friedt vnd Einigkheit erhaltten werde,

Gleicher gestalt haben die Gulchischen Rethe vnd gesandten, einen Summarischen bericht, Wie
sich

Sechste Abtheil. 1558 bis 1564.

sich hertzog Erichs zu Braunschweigks furgenomene kriegsemporung Im Stifft Munster zugetragen, Deßgleichen was Ir genediger Furst vnd herr, als deß Nidderlendischen kreiß Obrister darundter gehandlet, vbergeben, vnd wie die sachen allendhalben furgangen, berichten lassen, mit ebenmessiger Bitt, wie gemelts WestPhelischenn kreiß Stende hieroben gebetten, Dieweil dann hieruon, In der Key: Proposition, auch außtruklich ertzelung geschehen, vnd daruber vndter anderm, den Key: Commissarien an Statt Irer Mat: Inn aller vnderthenigkheit ein bedenkhen, Sonderlich die Cassation betreffende antzeige beschehen, lassenn es die Rethe vnd gesandten bei demselbigenn vf bißen Articull bedenkhen bewenden, Darauf auf der Key: Mat: allergenedigste weittere verordnung, der erweltte vnd bestettigte zue Munster, auch andere, die Durch vertrege obligirt vnd verbunden, sich wol werden wissenn zuerichten, Deßgleichenn auch Weß Inen vnd Iren vnderthanen, Inn brandtschatzungen abgenottigt, vnd sonst schadens zugefugt, Inn erholung Desselbigen sich wol werdenn wissenn zu uerhaltteun,

Was dan betrifft den vncosten darin die Stende deß WestPhelischen kreißes geführet, lest man es bei Denn Reichs Constitutionen vnd Ordnungen Inn solchen fellen auch bewenden,

Die Rom: Key: Mat: hat auch Wolff Haslern Pfenigmeistern, an die Deputierten Churfl,

Furſten vnd Stende verſchreiben, vnd aller genedigſt geſinnenn laſſen, vf mittell vnnd wege zugedenkhenn, Darburch gemelttem Hallern, Inhalt
deß AugſPurgiſchen neben abſchiedts endPfangen,
Auch Itzt Inn drey Monaten ein groſſe Summa
geldts betzalen muß, Ime aber one der Churfur
ſtenn, Furſten vnd Stende hilff nicht muglich,
So bitt er vnderthenigſt, man woll Inen In
diſer ſeiner nott nit ſteckhenn, Sondern an die
verordnete legſtadt, Coln, Speyr vnnd Nurmbergk ſchreiben Ime auß dem vorrath, vnnd ergentzung Deſſelben Die vbrigenn ſechstauſſent gulden, one Verzug verfolgen zulaſſen, Damit er
traw vnd glauben haltten (könne), vnd nit Inn
euſſerſt verderben geſetzt werde,

Hierauf erinnern ſich die Rethe vnd Bottſchafften was derhalben vf dem Reichstag Anno p 59.
zu AugſPurg fürgangen, vnd Inn einen ſondern
abſchiedt geordnet wordenn, Darauß er ſich wol
zuendtſinnen, Das diſer ſachen gegenwertiger verordnung ſich zu vnderziehenn nicht gePuren wolle,
ſtehet Inn deß Supplicanten willen, ſeiner notturfft nach zukhunfftiger Reichsverſamblung weitter
anſuchung zuthun,

Rathloßungs vnd Cantzleiſchreiber zu Nurnbergk zeigen an, welcher geſtalt ſie numehr In

das eilffte Jar mit einnemung des Key: Chammergerichts vnderhalttung, auch verfertigung
vielfaltiger quitantzen, vnnd außzügen, vermuhet
geweßen, vnd noch, vnderthenig bittende, ſich
dißfals genedig vnd gunſtig zubedenckhen, vnd auß
erzelt

Sechste Abtheil. 1558 biß 1564.

erzeltten vrsachen nachgeben, vnd bewilligen, Das Jnen Jnn nechster verzeichnuß oder erlegung ein benante Post, vnd souil vngeuerlich vberpleiben gut gemacht, vnd fur ein außgabe zusetzenn zuge-

lassen werde, Derogestaltt das beß key: Chammergerichts Pfenigmeister Dieselbige Post so lang Passieren ließ, biß zukunfftigen Reichstag vnd beschluß rechnung, vnd solte alsdann zu gemeiner Stende gefallen stehen, solches Passieren zulassenn oder nit, vnnd Im fall sie zuuiel Innen behaltten soltte dasselbige richtig gemacht werden,

Dieweil aber dise verordnung, was das Chammergericht vnd desselben vnderhalttung anlangt, sich hie nit zubeladen, so mogen dise Supplicanten solicher Ihrer verehrung halben, zue anderer gelegenheit bei gemeiner Reichs versämblungen ansuchen, vnd Ir notturfft furPringenn,

Nachdem auch Wilhelm von Grumbach der Irrung halben so sich zwischen Ime vnd dem Stifft Wurtzburgk gehaltten, an die Churfursten, Fursten vnd Stende diser verordnung geschrieben, vnd darauf sein begeren dahin gestellet, zue abschneidung Der Weittleufftigkheit vnd zuPflantzung,

deß geliebten friedens, bey der key: Mät: Die furbittliche wege zuesuchenn, Darmit die außgegangene achtserclerung abgewendet, Cassirt, abgethan, vnd Inen an getroffenem vertrag nit zuuerhindern, Sondern Darbei genedigst bleiben lassen, Denselbigen auch zu Confirmiren, auch das er ein mal zue friedt Ruhe vnd sicherheit khommen moge p.

Repertorium.

In disem lassen es die Rethe vnd Bottschafften bei Dem Jenigen, so hieuon vber der key: Mat: Proposition berathschlagt, vnd als ein bedencken angezeigt, auch bei ferrer allergenedigster der key: Mat: verordnung,

Es Hatt Wolff Mülich gleicher gestalt an die Deputirtenn ChurFürsten, Fürsten vnd Stennde supplicirt mit einfuhrung was Im beschwehrlichs begegnet sein solle, mit Bitt Das Ime zu Dem seinen verholffenn, vnd vorschrifft an die Fursten zue Sachssen mittgetheilet werde,

Dieweil aber auß seinem vorbringen abzunemen, das er sich Inns recht begebenn, vnd die sachenn am Chammergericht rechthenglg, man auch nicht wissen mag, wie die sachen eigendtlich seinthalben geschaffenn, vnd die jenigen gegen denen er supplicirt vnd anrufft, In dißem nit gehort werden mogen, Auch dergleichen sachenn fur dieße verordnung nit gehorig, vnd man sich Deken one nottwendigen gegenbericht nit zubeladenn,

So wissen der Churfl, Fursten vnd Stende Rethe vnd gesandten sich vf gedachts mulichen ansuchen nit Inzulassen, Derhalben mag er seine sachenn Inn andere wege seiner notturfft nach furnemen, vnd zum besten anstellenn,

Decretum Wormatiae In Consilio Electorum, Principum, et aliorum Statuum Consiliariorum et Legatorum Decima Septima Martij Anno Domini Millesimo Quingentesimo, Sexagesimo quarto."

Bischof

Sechste Abtheil. 1558 bis 1564.

* *

Bischof zu Worms:
(† 1580) Dieterich der II., von Pettendorf.

Xtſin.
Abt:
Sebaſtian ..... IV. 7.

Zacynth
Bischof zu —:
Johann Franz Commendon IV. 322. 339. 340.
345 — 347. 352 — 357. 377 — 389. 522 —
526. 529 — 531. V. 149. 209. 330. 331.

Zara in Dalmatien.
Erzbiſchof:
Mutius Callinus V. 164. 286. 527. 530.

Zedwitz (Jobſt von); ſ.: Grumbach.

Zelle.
Verſammlung daſelbſt:

1559 Jun. Landtag, auf welchem dieſe Schlüſſe gefaßt werden: Die Brüder Heinrich und Wilhelm, Herzoge zu Braunſchweiglüneburgzelle, übernehmen die Landesregierung auf fünf Jahre *) gemeinſchaftlich. Sie wollen die Landſtände bei ihren Privilegien ſchützen, ſich, ohne Rath der Landſchaft, nicht vermälen, und keine KriegsVerbündniſſe eingehen; verſprechen auch, ſich „mit Jagd, Hof-

---

*) Sie haben jedoch dieſe GeſammtRegierung bis in das Jahr 1569 fortgeſetzt.

lager, Pferden, und Hofgesinde mäßig zu halten. „
„Wichtige Händel und Missiven wollen sie eigenhändig unterschreiben„. Die Landschaft bewilliget eine Landschatzung auf drei Jahre. Ueber das, nach Verlauf dieser Zeit etwa nöthige, Geld, ingleichen über die Türkensteuer, die von den Herzogen verlangt werden dürfte, soll auf einem gemeinen Landtage gehandelt werden. VIII. 130. 131.

Zimmern.
Graf:
Froben Christoph IV. 8.

Zins des rechten Glaubens (Der)

bestand darin, daß die liefländischen Bauern, seit uralten Zeiten, für ihre Honigbäume einige livische Pfunde Wachs und eine Kopfsteuer nach Nowgorod liefern, die Dorpater aber an die Dreifaltigkeitskirche im Pleskowischen jährlich eine Verehrung geben mußten.

Das Unterlassen der Bezalung dieses Zinses zieht

1558. 1559 Ehstlande und Lieflande großes Unglück zu IV. 124—133.

Zobel (Melchior von),

Bischof zu Wirzburg, geräth, gutentheils durch eigne Schuld, mit Wilhelm von Grumbach in schwere Irrungen — gibt, auf den Rath des Kaisers, sich mit diesem Widersacher zu vergleichen, zur Antwort, „ihm sei am Grumbach wenig gelegen, und derselbe könne ihm geringen Scha-

Schaden zufügen „ — Der auf's Aeußerste gebrachte Grumbach faßt endlich den Entschluß, den Bischof aufheben zu lassen, um sich dann von ihm Genugthuung zu verschaffen — dinget zu dem Ende für 2000 Gulden funfzehn Kerle zu Pferde und vier, als Ausspäher dienende, Fuß‑knechte. Diese Rotte lauert dem, von der Kanz‑lei nach dem Schlosse zurückreitenden, Bischofe auf. Einer von ihr, Christoph Kretzer, grüßt ihn so freundlich, daß der Bischof ihm die Hand bietet. Nun zieht Kretzer seine, unter dem Man‑tel verborgene, schon gespannete, Flinte hervor, setzt sie unter den, in gräßlichem Tone gesprochenen Worten: „Pfaff, du mußt sterben!„ dem Bi‑schofe auf die linke Brust, drückt ab, worauf die Kugel durch die Brust in die Schulter geht und sie zerschmettert, so, daß der Bischof den linken Arm sinken läßt. Kretzer gibt ihm mit der Büchse einige Schläge auf den Kopf und den rech‑ten Arm, und ruft seinen Gefährten zu, daß sie keinen sollen entkommen lassen. Diese thun denn auf den fliehenden Bischof und dessen Begleitung einige Schuß mit solcher Wirkung, daß von den Begleitern des Bischofes fünf verwundet werden, von welchen zwei bald nachher an ihren Wunden sterben. Der Bischof stirbt, ehe er noch das Schloß völlig erreichen kan. Die Mörder ent‑kommen glücklich, stoßen unterwegs auf des ent‑leibten Bischofs Vetter, Hans von Zobel, ver‑wunden und berauben ihn, gehen dann aus ein‑ander und entfliehen in verschiedene Länder, wo sie sich sorgfältig verbergen III. 491—507.

Vergl.: Grumbach; und: Kretzer.

Zob.

Repertorium.

Zollern und Sigmaringen.
Graf:
Karl IV. 5. 116. 163. 178.

Zweibrücken;
Pfalzgraf zu — f.: dies Repertorium, Abtheil. V. Tab. VIII.

Zweibrücken und Bitsch.
Graf:
Jakob IV. 291.

www.ingramcontent.com/pod-product-compliance
Lightning Source LLC
Chambersburg PA
CBHW031452160426
43195CB00010BB/947